— Incomp

# MUSÉE
# NAPOLÉON III

## CHOIX DE MONUMENTS ANTIQUES

POUR SERVIR A L'HISTOIRE DE L'ART

EN ORIENT ET EN OCCIDENT

---

TEXTE EXPLICATIF

PAR

ADRIEN DE LONGPÉRIER

MEMBRE DE L'INSTITUT

CONSERVATEUR DES ANTIQUES DES MUSÉES IMPÉRIAUX

**Livraisons 1, 2, 3**

GRAND TOMBEAU DE CERI. TERRE CUITE.
*Lithochromie.* — Texte et planche LXXX.

FIGURINE BABYLONIENNE D'ALBATRE DUR.
*Gravure sur acier.* — Texte et planche II

COUPE D'ARGENT DORÉ TROUVÉE A LARNACA.
*Gravure sur acier.* — Texte et planche X.

HUIT VASES TROUVÉS A CAMIRUS.
*Lithochromies.* — Texte et planche XLIX.

PARIS

L. GUÉRIN ET Cie, ÉDITEURS, RUE BONAPARTE, 5

DÉPOT ET VENTE A LA LIBRAIRIE

THÉODORE MORGAND, RUE BONAPARTE, 5

DÉDIÉ

A

M. LE COMTE E. DE NIEUWERKERKE

SÉNATEUR, MEMBRE DE L'INSTITUT

SURINTENDANT DES BEAUX-ARTS

PRÉSIDENT DE LA COMMISSION DES MONUMENTS HISTORIQUES

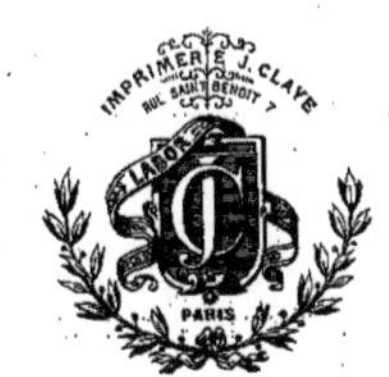
IMPRIMERIE J. CLAYE
RUE SAINT-BENOIT 7
LABOR
PARIS

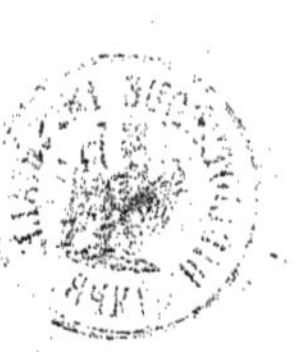

# MUSÉE

# NAPOLÉON III

## CHOIX DE MONUMENTS ANTIQUES

POUR SERVIR A L'HISTOIRE DE L'ART

EN ORIENT ET EN OCCIDENT

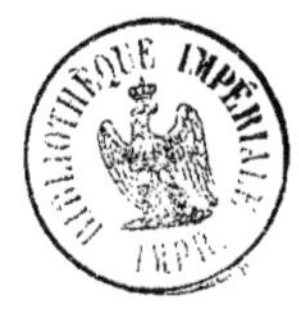


TEXTE EXPLICATIF

PAR

ADRIEN DE LONGPÉRIER

MEMBRE DE L'INSTITUT

CONSERVATEUR DES ANTIQUES DES MUSÉES IMPÉRIAUX

PARIS

L. GUÉRIN ET C^ie, ÉDITEURS, RUE BONAPARTE, 5

DÉPOT ET VENTE A LA LIBRAIRIE

THÉODORE MORGAND, RUE BONAPARTE, 5

PLANCHE LXXX.

# GRAND TOMBEAU DE CERI. — TERRE CUITE PEINTE

Ce monument, sans contredit le plus précieux que renfermât la galerie Campana, se compose de quatre pièces : deux formant la cuve funéraire, deux formant le groupe qui lui sert de couvercle. Le tout se rapporte avec une grande exactitude, malgré le retrait que chaque morceau a dû subir pendant la cuisson.

Trouvé dans l'une des chambres découvertes sous un des tumulus de Cerveteri (l'antique Cære), ce tombeau représente un homme et sa femme à demi couchés sur un lit décoré de belles palmettes, et, du côté du chevet, d'un chapiteau ionique. Une grande draperie jaune rayée de noir recouvre le matelas, et des outres gonflées soutiennent le coude gauche des deux personnages. Tous deux ont les cheveux longs. L'homme a la poitrine, les bras et les pieds nus; un manteau enveloppe la partie inférieure de son corps. La femme est coiffée d'une sorte de tiare ovoïdale avec rebord décoré de flots; ses oreilles percées portaient des pendants. Elle est vêtue d'une tunique rouge clair à bordure jaune et d'un pallium plus foncé. Ses bras et son visage sont blancs; ses pieds, chaussés de souliers lacés, à pointes recourbées. De la main droite elle inclinait un alabastron, à l'aide duquel elle faisait une libation dans la patère à umbo que tenait son mari. Ces détails sont indiqués par la pose des bras, et par une comparaison attentive avec d'autres monuments qui seront décrits.

La coiffure et la chaussure de la femme sont tout à fait semblables à celles que nous ont fait connaître depuis longtemps divers bronzes étrusques; mais tout le reste se rattache directement à l'art corinthien du VII^e^ siècle; en sorte que ce tombeau peut nous donner une idée exacte de ce que devait être celui de Démarate, père de Tarquin l'Ancien, personnage qui, forcé par l'usurpation de Cypsélus d'abandonner l'Achaïe, vint avec sa famille s'établir à Tarquinies, non loin de Cære.

Longueur, 2 mètres.

Hauteur, 1$^{m}$,17.

La planche a été exécutée à l'aide d'une photographie, coloriée d'après l'original et mise sur pierre par M. Régamey.

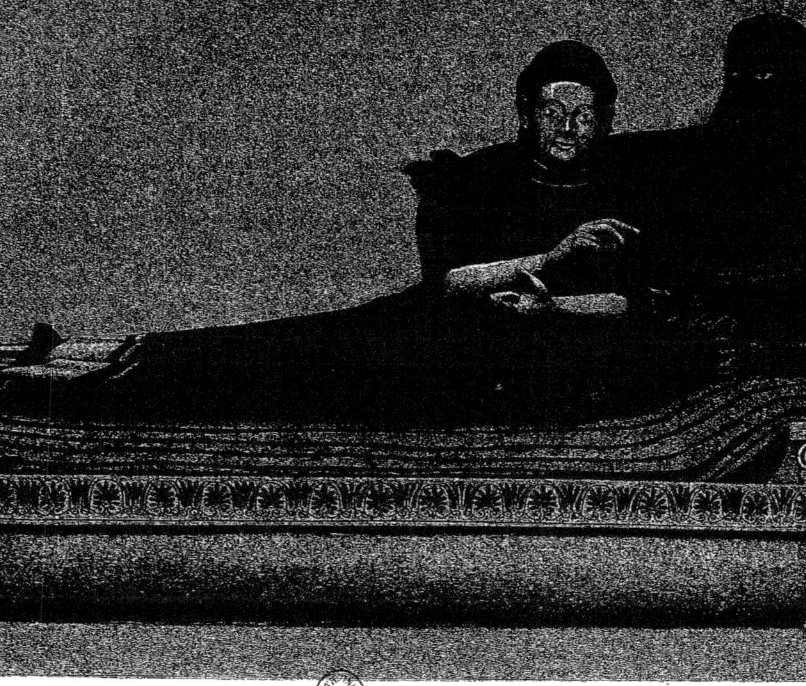

Peint et Chromolith. par G. Regamey

Imp. lith. Lemercier & Cie Paris.



GRAND TOMBEAU DE CERI - TERRE-CUITE

PLANCHE II.

# FIGURINE BABYLONIENNE. — ALBATRE DUR

Cette figure, trouvée près de Bagdad, est taillée dans une belle matière et exécutée avec un grand soin. Elle ne présente encore aucune trace de décadence et doit être attribuée à l'ancien empire babylonien. Si l'on cherche un point de comparaison parmi les monuments égyptiens, c'est avec ceux des dynasties antérieures à Ramsès II qu'on pourra constater certaines analogies.

La femme assise, la tête ceinte d'une couronne, est probablement une reine. Le cube, orné d'une moulure, sur lequel elle repose, est assez semblable au trône des rois égyptiens. Sa robe est ornée d'une série de plis ou de franges qui se remarquent dans le costume d'un grand nombre de personnages gravés sur des cylindres babyloniens. De la main gauche elle serre le col d'un vase en forme d'ampoule posé sur sa main droite. C'est une particularité que nous montrent, non-seulement une figure de bronze trouvée dans le palais de Khorsabad et représentant probablement une divinité assyrienne, mais encore les deux grandes statues du roi Sargon découvertes par M. Victor Place dans le même édifice. La main de ces personnages, placée sous le vase, ferme sans doute l'ouverture circulaire pratiquée au fond. C'est un détail qui nous est indiqué par l'ampoule de terre cuite trouvée aussi à Khorsabad et conservée au Musée.

Ce précieux échantillon de l'art babylonien a été acquis en 1862.

Hauteur 0$^{m}$,192.

La figure, photographiée par M. Gueuvin, a été gravée en présence de l'original par M. Varin.

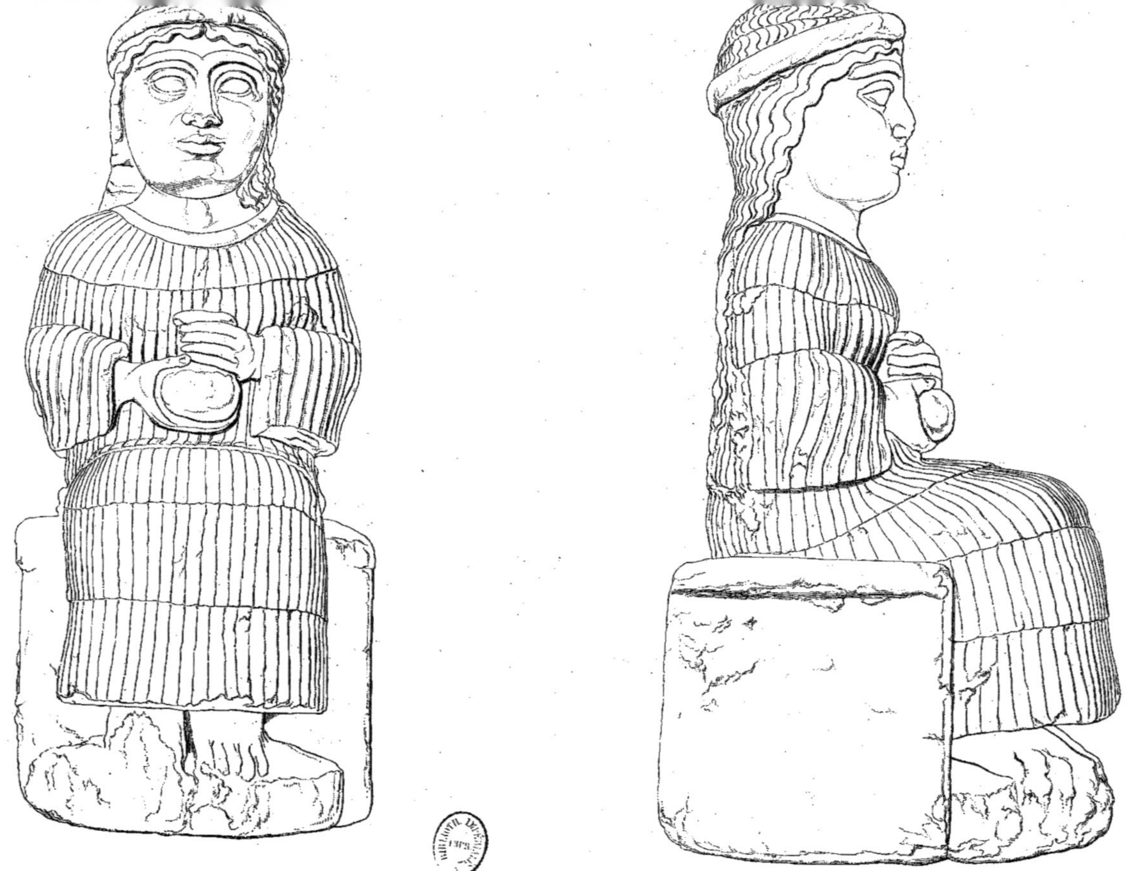

Varin sc.

Imp. Ch. Chardon aîné.

FIGURINE BABYLONIENNE D'ALBÂTRE.

Planche X.

# COUPE D'ARGENT DORÉ TROUVÉE A LARNACA

## (ILE DE CHYPRE)

---

Ce précieux vase fut découvert dans les ruines de l'antique Cittium; recueilli dans le bazar de Larnaca, par M. Tastu, consul de France, au moment où, déjà brisé par un orfévre, il allait être mis au creuset, il a été donné au Musée par M. de Saulcy, en 1851.

L'intérieur de la coupe est décoré de bandeaux dorés sur lesquels sont gravés en creux, à la pointe, les sujets suivants.

*Première frise.* Char traîné par deux chevaux marchant au pas, que conduit un aurige armé d'un fouet. Sur le char, dont la caisse est ornée d'une figure d'aigle, se tient debout le roi, vêtu d'une tunique quadrillée, la tête ceinte d'une tiare conique, de forme basse, portant un sceptre de la main droite, et posant la gauche sur son arc; attitude qui se retrouve dans les bas-reliefs de Nemrod. Derrière le char, marche un personnage vêtu d'une longue tunique quadrillée, ouverte par devant, le dos chargé d'un carquois, portant une lance sur l'épaule droite, tenant un arc et des flèches dans la main gauche. Il est suivi par deux soldats vêtus d'une tunique très-courte, tenant de la main droite des flèches, et de la gauche un arc. Viennent ensuite cinq cavaliers allant au pas. Le premier porte un fouet sur l'épaule droite; les deux suivants agitent leur fouet; le quatrième tient une lance en arrêt, la pointe en haut; le dernier porte sa lance sur l'épaule droite. Trois oiseaux les accompagnent en volant et marquent le mouvement. Ce premier groupe est terminé par un jeune nègre conduisant à la longe un dromadaire et tenant un bâton dans la main gauche ; deux oiseaux volent au-dessus. Après un arbre, un cavalier au galop tenant un fouet de la main droite; un autre cavalier aussi au galop, tenant une très-longue lance, munie d'une courroie, et dont il dirige la pointe vers la terre. Un troisième, armé d'une cuirasse imbriquée, marche au pas, tenant un fouet posé sur son épaule droite; des oiseaux volent autour de lui. Viennent à sa suite trois fantassins, aussi armés de cuirasses imbriquées, portant sur l'épaule droite une lance et tenant de la main gauche un grand bouclier circulaire dont l'intérieur est quadrillé. Chacun d'eux est précédé par un oiseau qui vole. En cet endroit le vase présente une fracture; l'espace qu'elle comprend devait être rempli par les figures de cinq fantassins. Un dernier soldat, couvert de son bouclier et armé d'une lance, précède immédiatement le char royal. Treize plante ou fleurs, parmi lesquelles on reconnaît des lotus, sont distribuées entre les personnages.

*Deuxième frise.* Plante symbolique composée de rinceaux et de fleurs, répétée onze fois et alternant avec deux groupes. Le premier se compose d'un personnage nu, imberbe, les reins entourés d'un *subligaculum,* posant le pied gauche sur le corps d'un griffon ailé qu'il a saisi par une de ses aigrettes et qu'il perce de son épée. Le griffon, ainsi attaqué, soulève ses pattes de derrière à la hauteur de la tête de son antagoniste. Le second groupe se compose d'un personnage barbu, muni de quatre ailes éployées, la tête couverte d'une tiare conique basse, vêtu d'une tunique longue imbriquée, et ouverte par devant; lequel perce de son épée un lion dressé devant lui dont il retient une patte à l'aide de la main gauche.

Les troisième et quatrième bandeaux concentriques, qui sont fort étroits, sont décorés d'une rangée de fleurs alternant avec des boutons.

Le fond de la coupe est occupé par un médaillon tout chargé d'étoiles dont les six rayons, en forme de pétales, entrent dans la composition des étoiles voisines, système d'ornementation qui se retrouve sur une belle dalle de pavage, provenant de Ninive même, et conservée au musée du Louvre, aussi bien qu'à l'intérieur de deux des coupes de bronze recueillies dans le palais de Sardanapale III et appartenant au musée Britannique.

Diamètre, 0 m. 195.

Calqué sur l'original et gravé par M. Varin.

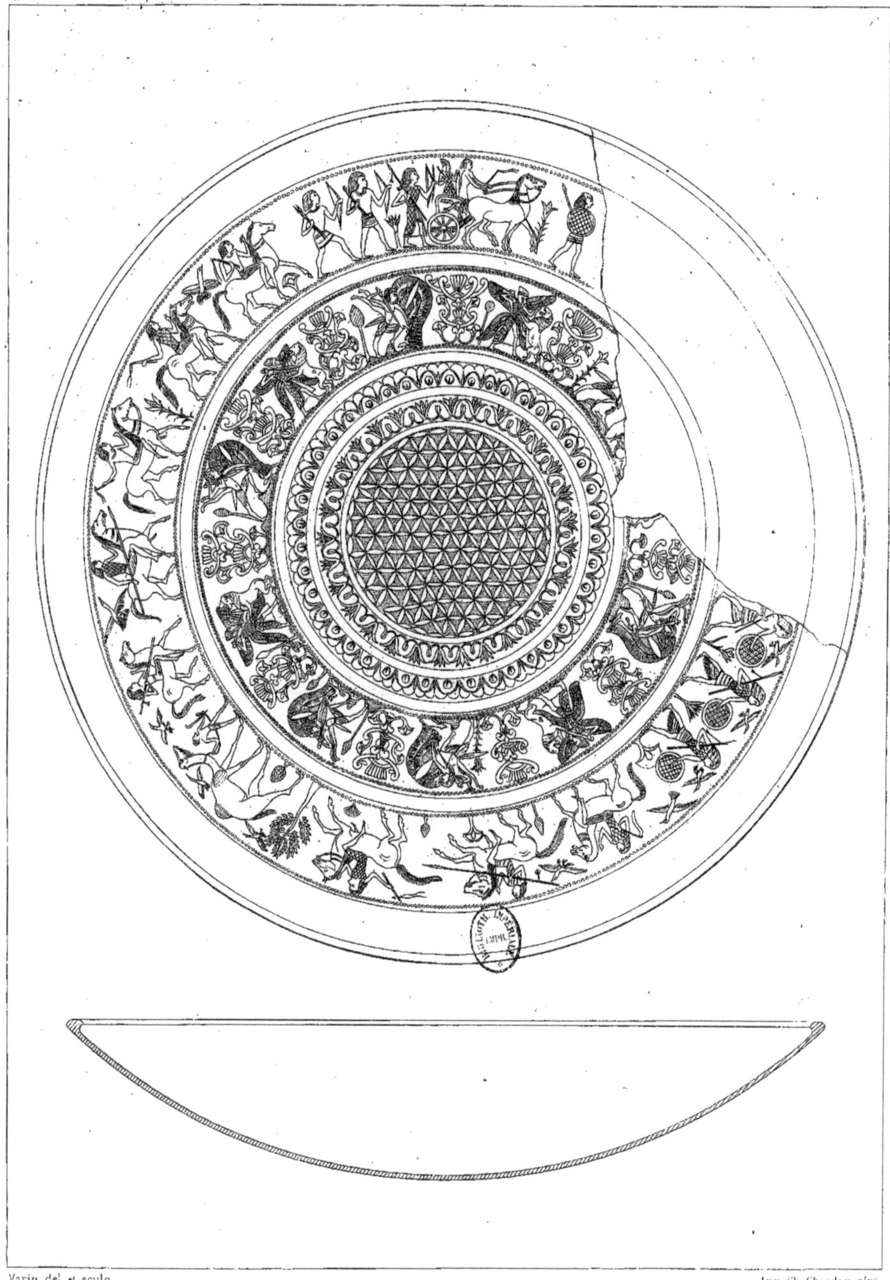

Varin del. et sculp. Imp. Ch. Chardon aîné.

COUPE D'ARGENT DORÉ TROUVÉE A LARNACA
(ILE DE CHYPRE).

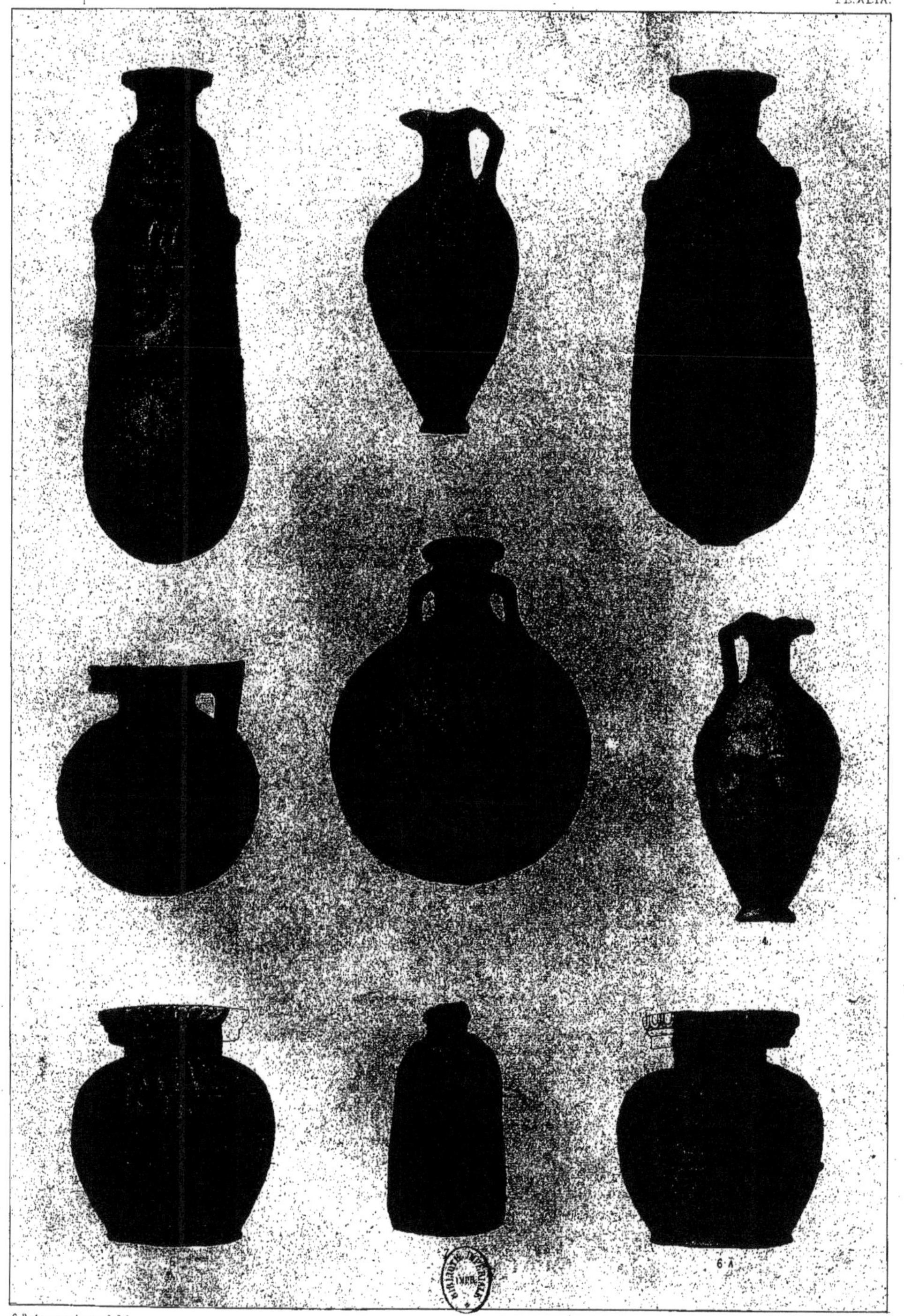

G. Régamey chromolith.^t Imp. Lemercier & C^ie Paris

VASES DE CAMIRUS (RHODES)

# MUSÉE

# NAPOLÉON III

## CHOIX DE MONUMENTS ANTIQUES

POUR SERVIR A L'HISTOIRE DE L'ART

## EN ORIENT ET EN OCCIDENT

---

TEXTE EXPLICATIF

PAR

ADRIEN DE LONGPÉRIER

MEMBRE DE L'INSTITUT

CONSERVATEUR DES ANTIQUES DES MUSÉES IMPÉRIAUX

**Livraisons 4, 5, 6**

LE REPAS D'HERCULE.
*Lithochromie.* — Texte et planche LXXII.

SARCOPHAGES PHÉNICIENS.
*Gravures sur acier.* — Texte et planche XVII.

SARCOPHAGES DE JÉRUSALEM.
*Gravures sur acier.* — Texte et planche XXXI.

ŒNOCHOÉ, OU VASE A VERSER LE VIN, DE CAMIRUS.
*Lithochromie.* — Texte et planche LVII.

PARIS

L. GUÉRIN ET Cie, ÉDITEURS, RUE BONAPARTE, 5

DÉPOT ET VENTE A LA LIBRAIRIE

THÉODORE MORGAND, RUE BONAPARTE, 5

Planche LXXII.

# LE REPAS D'HERCULE

## PEINTURE D'UN VASE CORINTHIEN



La belle composition que représente cette planche est empruntée au vase qui a été décrit dans l'article précédent. Il a été jugé nécessaire d'en faire faire une reproduction de grandeur exacte, et en couleur, afin qu'on en pût saisir tous les détails. Aucun monument, parmi ceux qu'on a retrouvés jusqu'à présent, ne saurait fournir une idée plus complète de l'art corinthien au VIIe siècle avant notre ère.

Hercule (ΗΕΡΑΚΛΕΣ) et Iphitus (ϜΙΦΙΤΟΣ), fils du roi Eurytius, sont étendus sur des clinés, le coude gauche soutenu par un coussin. Hercule tient de la main droite un couteau, Iphitus saisit un vase à boire. Devant chaque lit est placée une table chargée de mets. Ces tables sont de bronze, ce qu'indique leur couleur jaune toujours attribuée à ce métal sur les monuments de l'antiquité. Il existe d'ailleurs, au musée du Louvre et au musée royal de Palerme, quatre pieds de table exactement semblables dans tous leurs détails à ceux qui se voient ici les uns de face, les autres de profil, ce qui donne lieu de croire que chaque meuble était muni de trois supports.

Au pied des clinés sont attachés des chiens, convives indispensables dans tous les banquets, et destinés à faire disparaître rapidement les os, les fragments de peau, et tous les débris que les personnages des temps héroïques jetaient sur l'aire battue des palais. La peinture sert de commentaire à l'expression τραπεζῆες κύνες employée par Homère (*Odyss.*, XVII, 309).

La jeune Iole (ϜΙΟΛΑ), fille d'Eurytius promise, par son père à Hercule, se tient debout près de la cliné du dieu. Elle est vêtue d'une tunique talaire et d'un péplus, et tourne la tête vers son frère. Son visage, sa main, ses pieds, ont conservé la teinte pâle qui forme le fond du tableau; à cette époque les retouches blanches n'étant pas encore en usage. La tête d'Hercule et celle d'Iphitus sont peintes en rouge, couleur attribuée alors aux hommes en Grèce aussi bien qu'en Égypte. La poitrine et les bras ont été peints en noir, afin que ces parties du corps ne se confondissent pas avec les draperies rouges qui les entourent.

Lithochromie exécutée par M. Régamey.

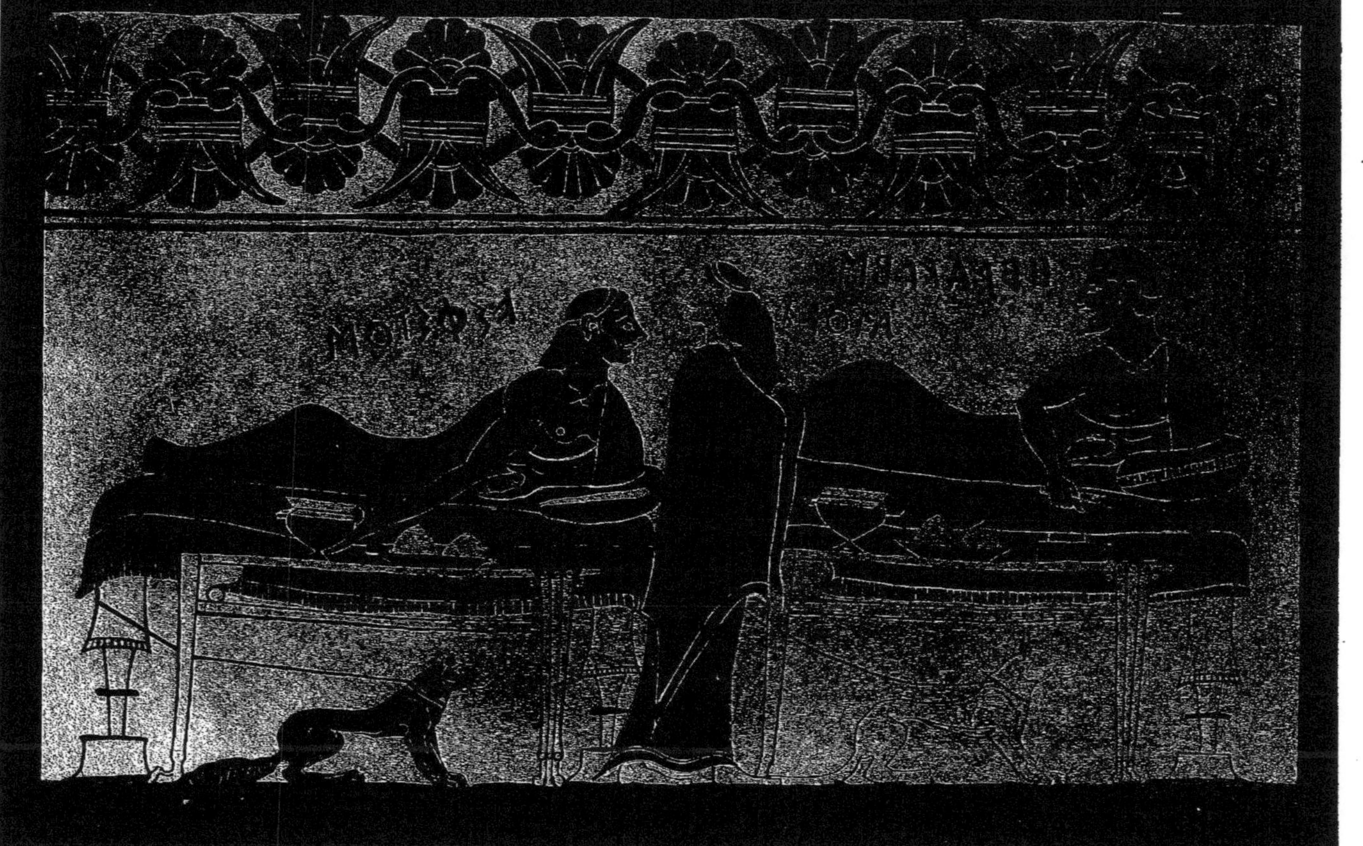

Peint et Chromolithe par G. Régamey — Imp. Lith. Lemercier et Cie Paris

LE REPAS D'HERCULE

Planche XVII.

# SARCOPHAGES PHÉNICIENS

N° 1. — Sarcophage composé d'une cuve creusée avec un très-grand soin dont les ondulations extérieures indiquent la forme humaine, et d'un couvercle représentant le personnage mort, vêtu d'une tunique à courtes manches, tenant de la main gauche un alabastron ou vase à libations (voir la pl. LXXXI). Ce monument, très-mutilé, fut trouvé dans la nécropole de Sidon par M. Péretié, et a été rapporté en France par M. Renan en 1862. C'est le plus ancien des quatorze sarcophages phéniciens appartenant au Musée. Il se rattache par le style aux sculptures assyriennes du règne de Sardanapale III ($x^e$ siècle avant notre ère); des sarcophages égyptiens de la $XIX^e$ dynastie représentent le mort couché avec les bras apparents.

Marbre blanc. Longueur, 2 m. 165.

N° 2. — Sarcophage de femme. Il est taillé en gaîne et légèrement arrondi à la partie inférieure. Autour de la portion évidée règne une feuillure sur laquelle s'ajuste avec précision un couvercle bombé qui se relève vers les pieds, et qui au point le plus large présente un buste de femme sculpté en haut relief. La tête est couronnée d'une triple rangée de boucles de cheveux qui ont été peints en bleu foncé. De nombreux restes de cette couleur étaient visibles lors de l'arrivée du monument à Paris, mais disparaissent successivement par suite des variations de notre température. Quatre longues mèches ondulées descendent au-dessous des épaules (voy. les figurines de terre cuite, pl. XXIV et XXV).

Le trou auriculaire du côté gauche est percé dans toute l'épaisseur du couvercle, qui peut être soulevé à l'aide de quatre poignées saillantes ménagées dans le marbre. La caisse inférieure présente six de ces poignées.

Le fond intérieur de la cuve porte un assez grand nombre de lignes en relief qui s'entre-croisent. Le cadavre avait été entouré d'un suaire retenu autour du corps par des cordes faisant deux tours à la hauteur de la ceinture. Les substances employées pour l'embaumement et le cadavre, en se décomposant, ont rongé le marbre, excepté là où il se trouvait protégé par les cordes que la pesanteur du corps y avait fait adhérer assez fortement. Toutes les lignes en relief que l'on observe aujourd'hui dans le sarcophage sont les empreintes de ces cordes, dont on distingue clairement la torsade.

Ce monument, découvert en 1852 par M. Péretié en face même de la petite île de Rouad, sur un point de la côte de Tortose où se trouvait probablement une nécropole, était, suivant le témoignage des gens qui l'ont extrait du sol, placé dans une niche creusée dans le roc vif. Il ne contenait que quelques ossements presque réduits en poussière.

Acquis en 1853.

Marbre blanc. Longueur, 2 m. 09.

N° 3.—Sarcophage en gaîne avec masque d'homme barbu. Il présente encore une saillie à la hauteur des épaules, mais la partie inférieure de la cuve n'est plus arrondie. Trouvé par M. Péretié dans la nécropole de Sidon (Saïda), il a été rapporté par M. Renan, en 1862.

Marbre blanc. Longueur, 2 m. 117.

Les sarcophages représentés dans la planche XVII ont été gravés par M. Soudain d'après les originaux et avec l'aide de photographies exécutées par M. Gueuvin.

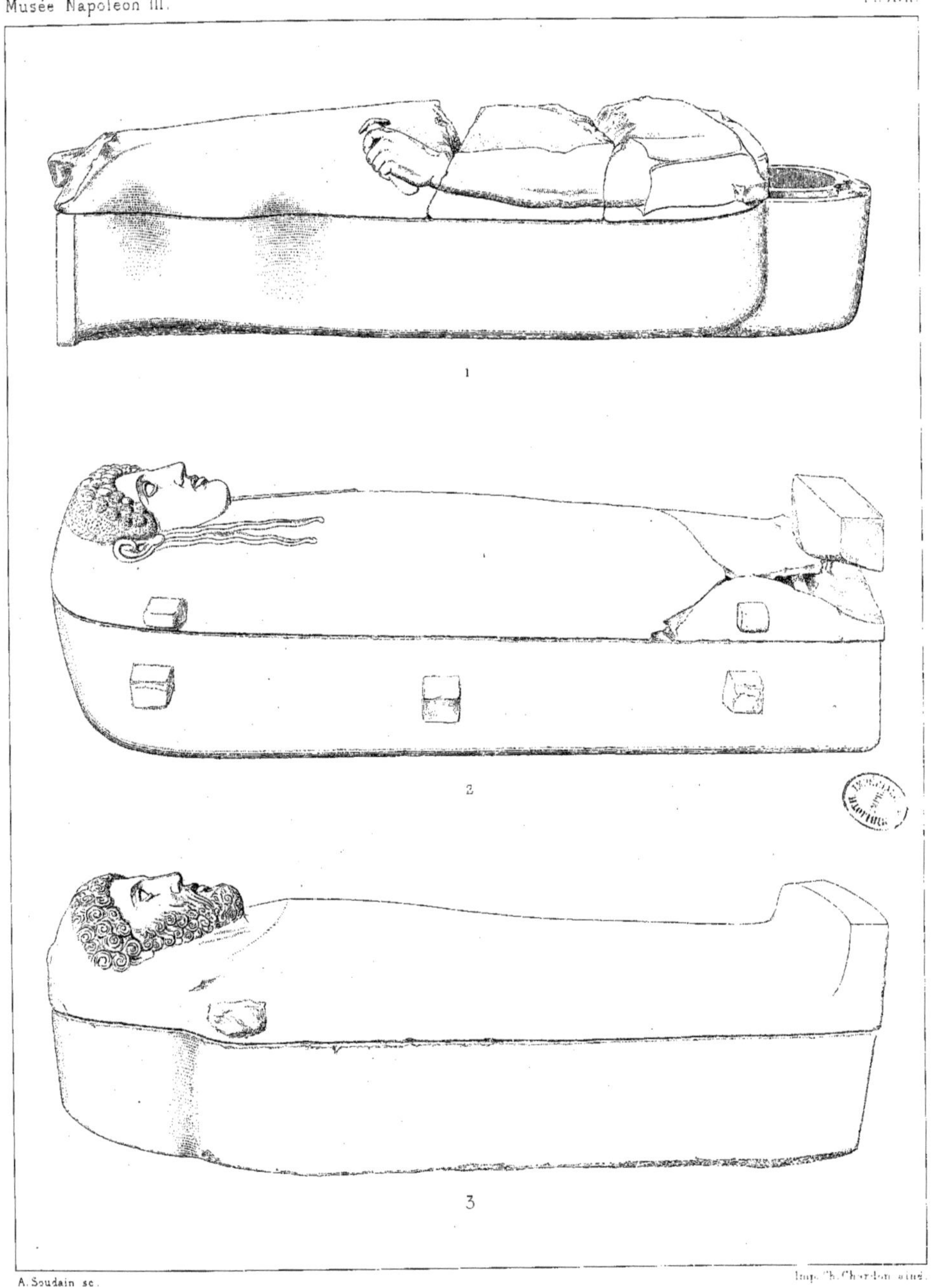


A. Soudain sc. Imp. Ch. Chardon aîné.

SARCOPHAGES PHÉNICIENS.

PLANCHE XXXI.

# SARCOPHAGES DE JÉRUSALEM

---

N° 1. — Extrémité verticale du couvercle de sarcophage gravé sous le n° 1 dans la planche précédente. Elle est encadrée par une moulure, et le champ est décoré de deux fleurs semblables à celles du lis, accompagnées de feuilles d'acanthe et de deux patères à umbo ou rosaces annulaires.

N° 2. — Extrémité verticale du sarcophage gravé sous le n° 2 dans la planche XXX. Le couvercle et la cuve sont encadrés par une moulure. Sur le premier, le sculpteur a représenté un cédrat entre deux lis, figures qui se retrouvent dans le type des monnaies juives (F. de Saulcy, *Numismatique judaïque,* pl. I, n$^{os}$ 6 et 7.—Pl. III, n° 13). C'est probablement le côté de la tête. La seconde extrémité du couvercle ne présente qu'une patère. Sur la cuve une rose de face est placée au centre d'une grosse couronne avec lien à la partie inférieure.

N° 3. — Portion d'un couvercle de sarcophage presque semblable à celui qui est gravé sous le n° 2 dans la planche XXX. Il provient du même lieu et a été trouvé au mois de décembre 1863 par M. F. de Saulcy, qui en a fait don au Louvre. La décoration, disposée sur la partie antérieure du demi-cylindre, se composait de cinq rosaces. Celle du centre est formée de huit lis. A l'extrémité subsistante se voit une patère entourée d'une moulure. Tout le champ est piqué à la bouchardc.

Pierre calcaire. — Longueur, 1 m. 30.

N° 4. — Sarcophage trouvé le 8 décembre 1863 par M. de Saulcy, dans un caveau découvert par lui aux *Kobour-el-molouk.* Le couvercle est en forme de toit avec arête aiguë au sommet. Les angles ont été abattus grossièrement pour permettre au monument d'entrer sous une arcade basse. Toute la surface est piquée à la boucharde; les six rosaces qui devaient orner les deux faces longues et les deux extrémités ne sont pas terminées et nous apparaissent sous la forme de disques ménagés en relief. Sur le devant se voient deux inscriptions; la première, tracée assez rudement en caractères très-voisins de ceux que nous montrent les plus anciens manuscrits syriaques (estranghelo), se lit : צרן מלכתא ou צדן (la reine Zoran ou Zodan). La seconde, gravée peu profondément et d'une main plus sûre, en vieux caractères hébraïques, donne צרה מלכתה ou צדה (la reine Zarah ou Zadah).

Calcaire dur. Longueur, 2 m. 08.

Tous les monuments représentés dans la pl. XXXI ont été dessinés d'après les originaux et gravés par M. Oury.

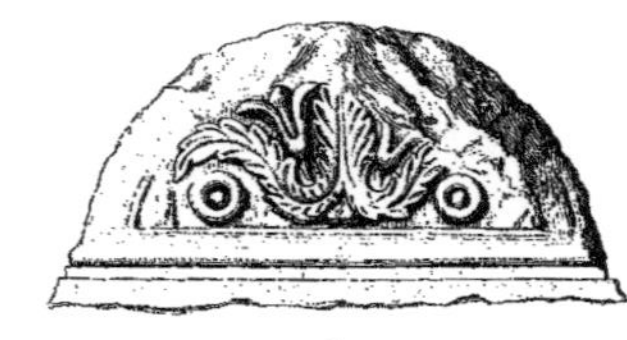

1

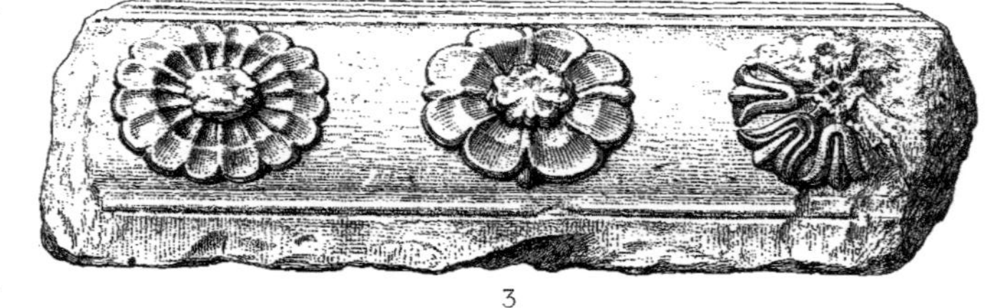

3

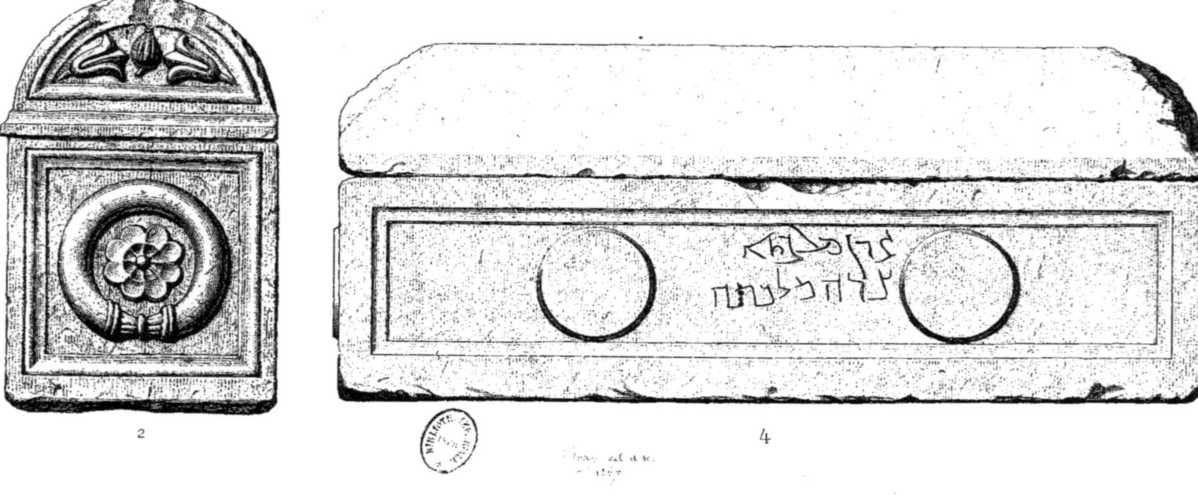

2

4

Oury del et sc.

Imp. Ch. Chardon aîné.

SARCOPHAGES DE JÉRUSALEM.

PLANCHE LVII.

# VASE PEINT DE LA NÉCROPOLE DE CAMIRUS

## (ILE DE RHODES)

Œnochoé, ou vase à verser le vin; son embouchure est trilobée, son anse est formée de trois tiges cylindriques juxtaposées.

Terre rouge, peinte en jaune pâle imitant la couleur naturelle de la terre de Corinthe.

La panse est décorée de figures et d'ornements disposés en quatre registres ou zones; le tout peint en noir et en rouge, sans trait à la pointe.

Premier registre.—Plante composée d'une grande fleur soutenue par deux spirales. De chaque côté, un groupe formé d'un sphinx ailé à tête de femme, fort différent du sphinx égyptien, précédé et suivi d'un cygne; chaque groupe se dirige vers la plante.

Deuxième registre. — Une rangée de neuf ibex ou bouquetins, tournés à droite et paissant; plus une oie placée au-dessous de l'anse.

Troisième registre. — Rangée de neuf daims au pelage moucheté, tournés vers la droite; plus une oie au-dessous de l'anse.

Quatrième registre.—Sept grandes fleurs alternant avec des boutons; motif de décoration qui se trouve sur l'une des coupes d'argent de Cittium (voy. planche X), sur le dallage sculpté du palais de Koyoundjek (Ninive), construit pendant le règne de Sardanapale V (au VII^e siècle), et sur un grand nombre d'autres monuments exécutés conformément aux données asiatiques.

Le champ des trois zones supérieures est parsemé de rosaces, de croix à bras recourbés, de fleurons, qui remplissent les vides et établissent pour l'œil des compensations harmonieuses.

Le col est ceint de deux rangées de métopes contenant chacune une grecque analogue aux figures du labyrinthe que représentent les antiques monnaies de Cnosse.

Sur le bord extérieur sont peints en blanc trois rosaces et deux grands yeux; ceux-ci dans la courbe, ce qui fait que la perspective diminue leurs dimensions.

Hauteur, 0 m. 35.

Trouvé dans les fouilles pratiquées sur la côte occidentale de Rhodes par M. Auguste Salzmann.

Acquis en 1863.

La planche a été exécutée en couleur et mise sur pierre par M. Régamey.

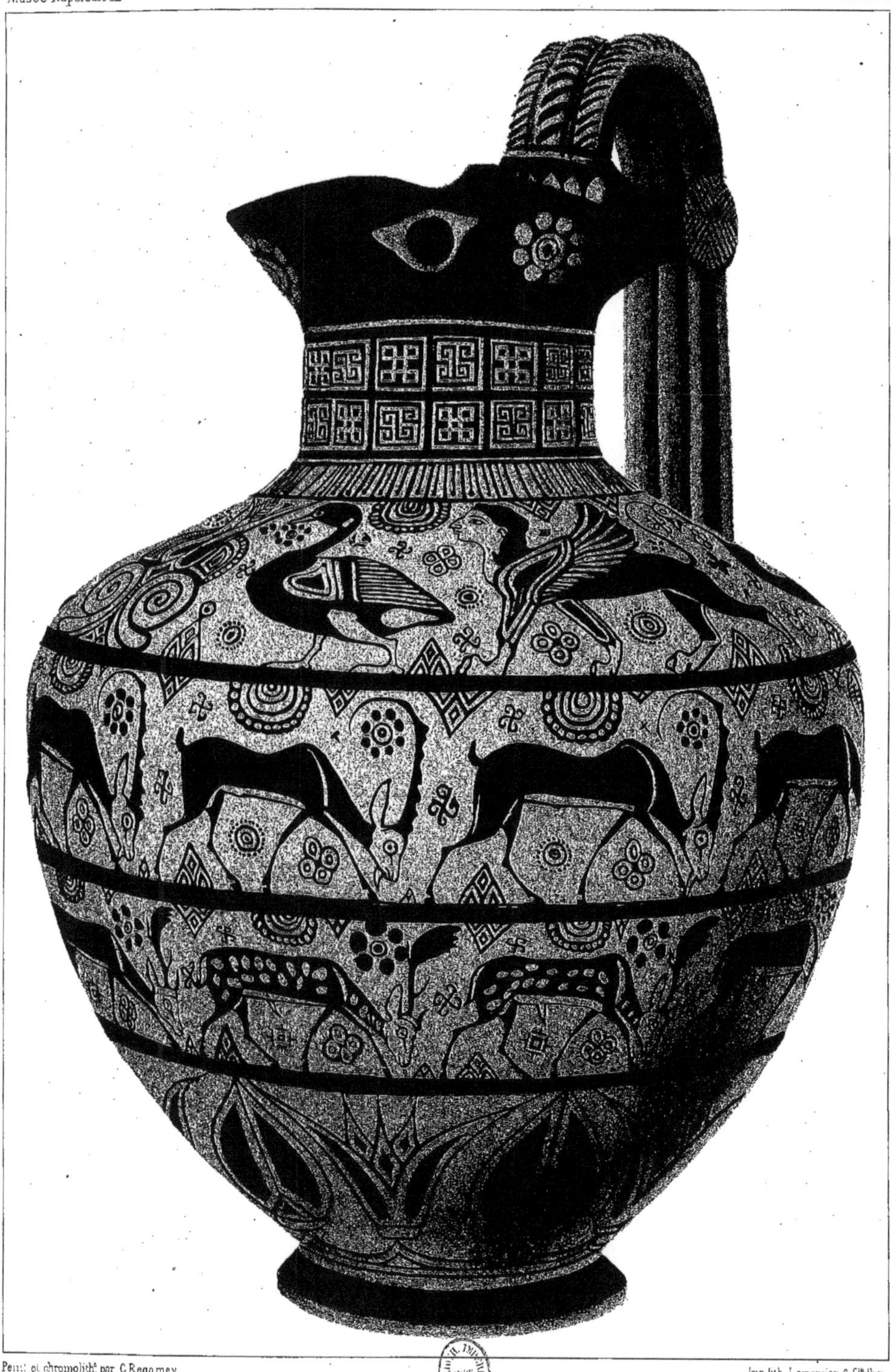

Peint et chromolith. par C. Regamey

Imp. lith. Lemercier & Cie Paris



ŒNOCHOÉ DE CAMIRUS

# MUSÉE

# NAPOLÉON III

## CHOIX DE MONUMENTS ANTIQUES

POUR SERVIR A L'HISTOIRE DE L'ART

EN ORIENT ET EN OCCIDENT

---

TEXTE EXPLICATIF

PAR

ADRIEN DE LONGPÉRIER

MEMBRE DE L'INSTITUT

CONSERVATEUR DES ANTIQUES DES MUSÉES IMPÉRIAUX

**Livraisons 7, 8, 9**

PEINTURES SUR BRIQUES. — TOMBEAUX DE CERI.
*Lithochromies.* — Texte et planche LXXXIII.

BAS-RELIEF MOABITE.
*Gravure sur acier.* — Texte et planche XXVIII.
SCULPTURES PHÉNICIENNES.
*Gravures sur acier* — Texte et planche XVIII.

BRIQUES VERNISSÉES DE BABYLONE.
*Lithochromies.* — Texte et planche H.



PARIS

L. GUÉRIN ET C^ie^, ÉDITEURS, RUE BONAPARTE, 5

DÉPOT ET VENTE A LA LIBRAIRIE

THÉODORE MORGAND, RUE BONAPARTE, 5

Planche LXXXIII.

# PEINTURES SUR BRIQUE. — TOMBEAUX DE CERI



Ces peintures ont été recueillies, à ce que l'on assure, dans une chambre souterraine voisine de celle dans laquelle se trouvait le tombeau que représente la planche LXXX. Il est, du moins, facile de constater, au premier coup d'œil, l'analogie très-étroite de ce tombeau et du premier de nos tableaux.

Celui-ci représente un homme barbu, à la longue chevelure, vêtu d'une double tunique, chaussé de bottines à pointes recourbées, assis sur un pliant, et la main gauche reposant sur un sceptre. Devant lui, sur une base assez élevée, une femme, vêtue exactement comme celle du sarcophage, portant la même tiare ovoïdale avec rebord décoré de flots. Elle élève ses deux mains, attitude qui ordinairement indique l'invocation.

Au pied du socle, se voit un serpent, addition récente due à un restaurateur romain qui a voulu assimiler la femme posée sur une base à la déesse Chrysé, peinte sur un vase conservé aussi dans la collection Campana (*Monum. de l'Inst. archéolog.*, t. VI, pl. VIII). Ce détail transformait en scène mythologique une représentation funéraire.

Le haut et le bas du tableau sont décorés d'une ligne de méandres et d'un échiquier peints en noir et en rouge sur le fond jaune pâle.

Ce n'est pas seulement au grand tombeau de terre cuite qu'il faut comparer cette composition, on doit la rapprocher aussi, pour se faire une idée juste de son style et de son âge, des vases corinthiens en général, et en particulier de celui qui représente Hercule chez Eurytius, roi des Œchaliens. (Voy. pl. LXXI et LXXII.)

Dans tous ces monuments, l'art des Doriens se montre d'une manière bien sensible.

Hauteur 1m,36.

Largeur 0m,57.

La seconde peinture nous offre deux vieillards à la chevelure grise, vêtus de tuniques blanches et de manteaux rouges, assis, en face l'un de l'autre, sur des pliants. L'un est appuyé sur un sceptre, l'autre repose son menton sur sa main droite, et semble plongé dans la douleur. Près de lui vole une petite figure qui paraît être un εἴδωλον ou âme d'une personne morte.

Le haut du tableau est couronné par une corniche, oblique en raison de la pente de la voûte sous laquelle les briques étaient rangées. Cette corniche est décorée de langues rouges, jaunes et bleues. A la partie inférieure, le peintre a placé quatre larges bandes rouges verticales.

Il n'est nullement prouvé que la brique peinte représentant les deux vieillards assis provienne de la même chambre que le tableau précédent.

Hauteur $1^{m},25$.

Largeur $0^{m},59$.

La planche a été exécutée à l'aide de photographies prises par M. Gueuvin, coloriées d'après les originaux et mises sur pierre par M. Régamey.

Musée Napoléon III

PL.

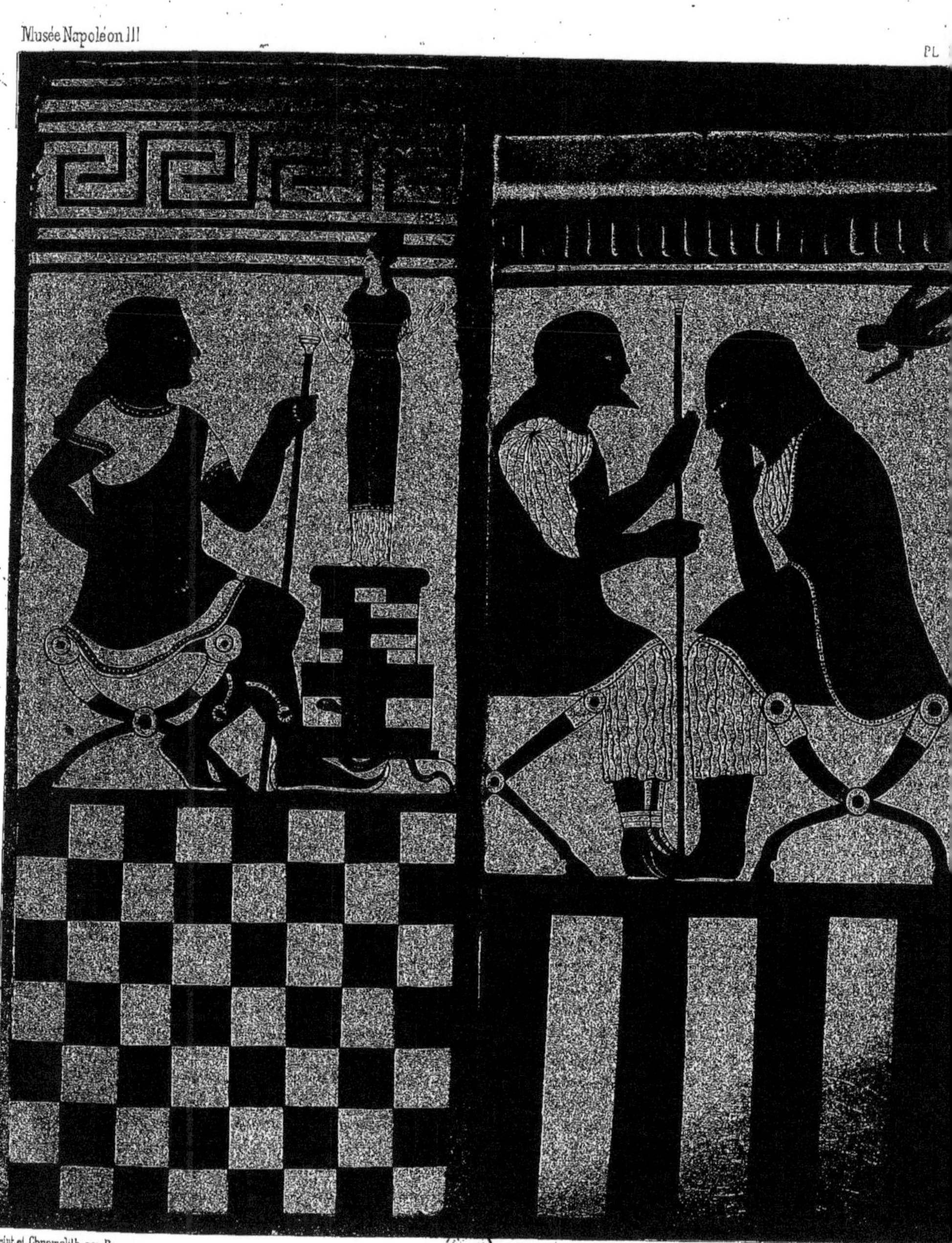

Peint et Chromolith. par Regamey

Imp. lith. Lemercier & Cie



PEINTURES SUR BRIQUE - TOMBEAUX DE CERI.

Planche XXVIII.

# BAS-RELIEF MOABITE

Le 17 janvier 1851, entre Médabah et Schihan, à l'orient de la mer Morte, au lieu nommé Rédjôm-el-Aabed, M. F. de Saulcy découvrit un bas-relief dont il ne put rapporter que le dessin, les prétentions des Arabes qui l'accompagnaient lui en ayant rendu l'acquisition impossible. Le savant voyageur avait, avec sa sagacité ordinaire, reconnu la haute antiquité et l'importance de ce monument, et il éprouvait le regret le plus vif de n'avoir pu en enrichir nos collections. C'est M. le duc de Luynes qui s'est chargé de compléter l'œuvre de son confrère. Le 17 avril 1864, cet éminent archéologue retrouvait le précieux bas-relief, qu'il parvint à acheter et à rapporter, et dont il a fait présent au Musée en 1865.

Le personnage représenté dans ce bas-relief, vraisemblablement un roi, est casqué, ses reins sont ceints de la *schenti,* suivant la mode égyptienne et phénicienne (voir la statue colossale de Sarepta, pl. XVIII, n° 1); des deux mains il tient une lance dont le large fer est tourné vers la terre; un arc est suspendu à son épaule. Près de lui se voit un animal qui paraît être un lion.

Le style de la figure, et particulièrement la manière conventionnelle dont les rotules sont exécutées, rappellent les bas-reliefs assyriens (voy. pl. VII et VIII). Mais l'ajustement se rapproche de celui des *Sartana* ou habitants de la Sardaigne (Chabas, *Voyage d'un Égyptien,* p. 67. — E. de Rougé, *Rev. archéol.*, 1867, p. 86, sqq.), représentés sur les monuments égyptiens, vers le xv<sup></sup>e siècle avant l'ère chrétienne.

C'était le temps où Balac, fils de Séphor, était roi de Moab, et assez puissant pour empêcher les Israélites sortis d'Égypte d'entrer sur ses terres. Un peu plus tard, Églon, roi de Moab, vainquit le même peuple, qui demeura sous sa domination pendant dix-huit ans. Ce fut David qui, à son tour, défit les Moabites, malgré la protection que leur roi avait accordée à son père Isaï et à sa mère (xie siècle). Les Moabites furent tributaires des rois de Juda jusqu'à la séparation des dix tribus (xe siècle) ; alors ils eurent pour suzerain le roi d'Israël ; mais ils conservaient des rois particuliers ; et Mésa, l'un d'eux, se révolta après la mort d'Achab. Joram, roi d'Israël, Josaphat, roi de Juda, et le roi d'Édom s'unirent contre lui ; le pays fut ravagé, les villes détruites, et à partir de cette époque (IXe siècle), la dynastie moabite est effacée.

Il est difficile d'assigner une place chronologique certaine à un monument unique, puisqu'on est privé du secours que fournit l'examen comparatif d'une série. Mais on peut reconnaître que le bas-relief de Redjôm-el-Aabed ne le cède en antiquité à aucun des monuments assyriens qui nous sont parvenus, et qu'il se rapproche, sous le rapport du style, des sculptures de la décadence égyptienne (règne de Ramsès II, XIVe siècle).

Au sujet des lions de Moab, voir le second livre des *Rois* (XXIII, 20).

Suivant la tradition arabe, au commencement du IIIe siècle de notre ère, Amr, fils de Lohay, passant par le pays de Moab, vit les habitants adorer des idoles, et leur demanda ce que c'était. Ils répondirent : « Ce sont des dieux faits à l'imitation des corps célestes et des figures humaines. » Amr les pria de lui donner un de ces dieux. Ils lui firent présent de Hobal, qu'il emporta à la Mekke et plaça sur la Caba. C'était une statue de pierre rouge représentant un vieillard avec une longue barbe ; détail qui rappelle les sculptures des Babyloniens et des Assyriens. (*Sirat-erraçoul*, *Saffieddin*, *Abou'l-féda*, traduits par Pococke, *Specimen historiæ Arabum*, p. 97 et suiv. — cit. par Reinaud, *Mon. arab. du duc de Blacas*, t. I, p. 246 ; et par Caussin de Perceval, *Hist. des Arabes avant l'Islam.*, t. I, p. 224.)

Le récit des écrivains arabes montre tout au moins que les sculptures du pays de Moab avaient acquis un certain degré de notoriété.

Basalte noir. Hauteur, 1 m. 03. Largeur, 0 m. 58.

Dessiné d'après l'original et gravé par M. Oury.

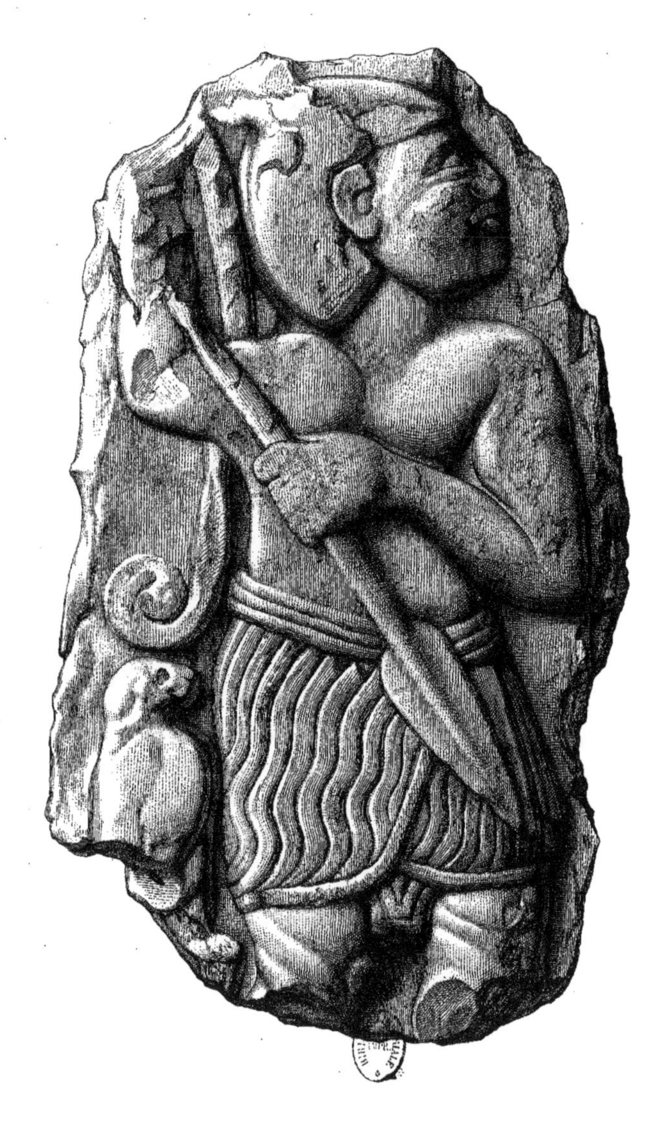

Oury del. et sc.  Imp. Ch. Chardon ainé.

BAS-RELIEF MOABITE.

Planche XVIII.

# SCULPTURES PHÉNICIENNES

## COLOSSE ROYAL, COLONNE, BAS-RELIEFS

---

1. — Le fragment considérable d'une statue royale, plus grande que nature, représenté ici, a été trouvé à Sarfend (l'antique Sarepta), ville située entre Tyr et Sidon, et qui, vraisemblablement, appartenait aux rois des Sidoniens (Sarephta Sidoniorum, III *Reg.*, xvii, 9) à l'époque du prophète Élie (x^e siècle.)

M. Emmanuel Guillaume-Rey, passant à Sarfend, au mois d'octobre 1857, acheta ce précieux monument des Arabes qui venaient de le découvrir, et en fit présent au Musée.

Le personnage a les reins entourés d'un court vêtement tout à fait analogue à la *schenti* égyptienne, et sa ceinture est ornée de deux *uræus*, comme celle du roi Séti I^er, chef de la XIX^e dynastie (xvi^e siècle), dans un bas-relief tiré de son tombeau qui se voit au Louvre. (Comparer avec le torse cypriote conservé au Musée de Berlin; *Archäol. Zeitung,* 1863, pl. CLXXI.)

Notre statue colossale a la poitrine ornée de deux colliers; l'un est composé de grandes pièces oblongues semblables à des feuilles ou à des boutons de fleurs renversés; l'autre, formé d'une rangée de grenades, supporte un disque surmonté d'un croissant dont les pointes sont tournées en bas.

Cette figure doit être comparée à celle qui est gravée sur une sardoine du Musée de Florence, portant le nom d'Abibal en beaux caractères phéniciens, et que M. le duc de Luynes attribue au roi de Tyr, père d'Hiram (*Numism. des Satrapies,* 1849, pl. XIII, n° 1; p. 69). La pierre gravée, qui appartiendrait au xi^e siècle, représente un personnage debout, avec la *schenti* et une couronne imitant celle des rois d'Égypte, tenant un sceptre surmonté du disque et du croissant renversé; le même symbole est répété dans le champ.

Lave gris rosé. Hauteur 1 m. 44.

2. — Colonne au sommet de laquelle est sculptée une couronne de fleurs à

quatre pétales; au centre de cette couronne s'élève un bouton analogue à celui du lotus. Au-dessous est un disque avec ailes éployées et queue d'oiseau; plus bas encore, un croissant renversé sur un globe.

Cette colonne a été rapportée de Tyr, en 1852, par M. de Saulcy.

Marbre blanc. Hauteur 0 m. 64.

Au sujet du disque surmonté d'un croissant renversé, symbole notoirement phénicien, et qui peut maintenant servir à la classification des monuments, il faut citer les exemples que nous fournissent la porte monumentale d'Omm-el-Aouamid près de Tyr, les stèles phéniciennes de Carthage (Vaux, *Inscr. in the phœn. charact. disc. on the site of Carthage*, 1863, n$^{os}$ 1, 2, 6, 26. — Ch. Cubisol, *Notices sur la rég. de Tunis*, 1867, pl. VI), les stèles phénico-sardes conservées aux Musées royaux de Turin et de Cagliari, le scarabée de jaspe vert appartenant au Musée du Louvre, les monnaies de Carthage (L. Müller, *Numism. de l'anc. Afrique*, t. II, p. 96 et 113), celles des villes de Numidie Bulla Regia, Macomada, Salviana (*ibid.*, t. III, p. 57, 66, 68); celles des villes mauritaniennes Tingis et Lixus (*ibid.*, t. III, p. 145. — Lindberg, *Comment. de num. Sextor.* Copenh., 1824), les monnaies de Sardaigne au type des trois épis.

3 et 4. — Deux bas-reliefs trouvés à Rouad (l'antique Aradus), et rapportés, en 1862, par M. Ernest Renan, membre de l'Institut. Ils étaient de même dimension et sont décorés chacun de deux compartiments séparés par un bandeau chargé d'une tresse. Le compartiment supérieur, pareil dans les deux bas-reliefs, est semé de palmettes d'une forme particulière et très-caractéristique. Les compartiments inférieurs contiennent, l'un une plante sacrée (voir la coupe d'argent gravée pl. X), accostée de deux griffons ailés dans l'attitude donnée aux lions qui surmontent la célèbre porte de Mycènes; l'autre une imitation du sphinx égyptien portant les couronnes de la Haute et de la Basse-Égypte par-dessus la coiffure d'étoffe, et de plus ailé et accroupi sur une base.

Ces deux dalles sont peut-être les restes d'une porte de tombeau.

Marbre blanc. Hauteur 0 m. 50 et 0 m. 61.

La palmette phénicienne se retrouve sur divers monuments, entre autres sur le grand pectoral d'or et sur le support de bronze recueillis dans une tombe souterraine de Ceri (L. Grifi, *Cere antica*, 1841, pl. I et XI). Un fragment de bas-relief d'ivoire, qui se voyait dans le cabinet de feu M. le vicomte H. de Janzé, et qui représente un lion ailé, porte une bordure composée de palmettes semblables.

Les monuments de la pl. XVIII ont été dessinés d'après les originaux et gravés par M. Soudain.

Musée Napoléon III. PL. XVIII.

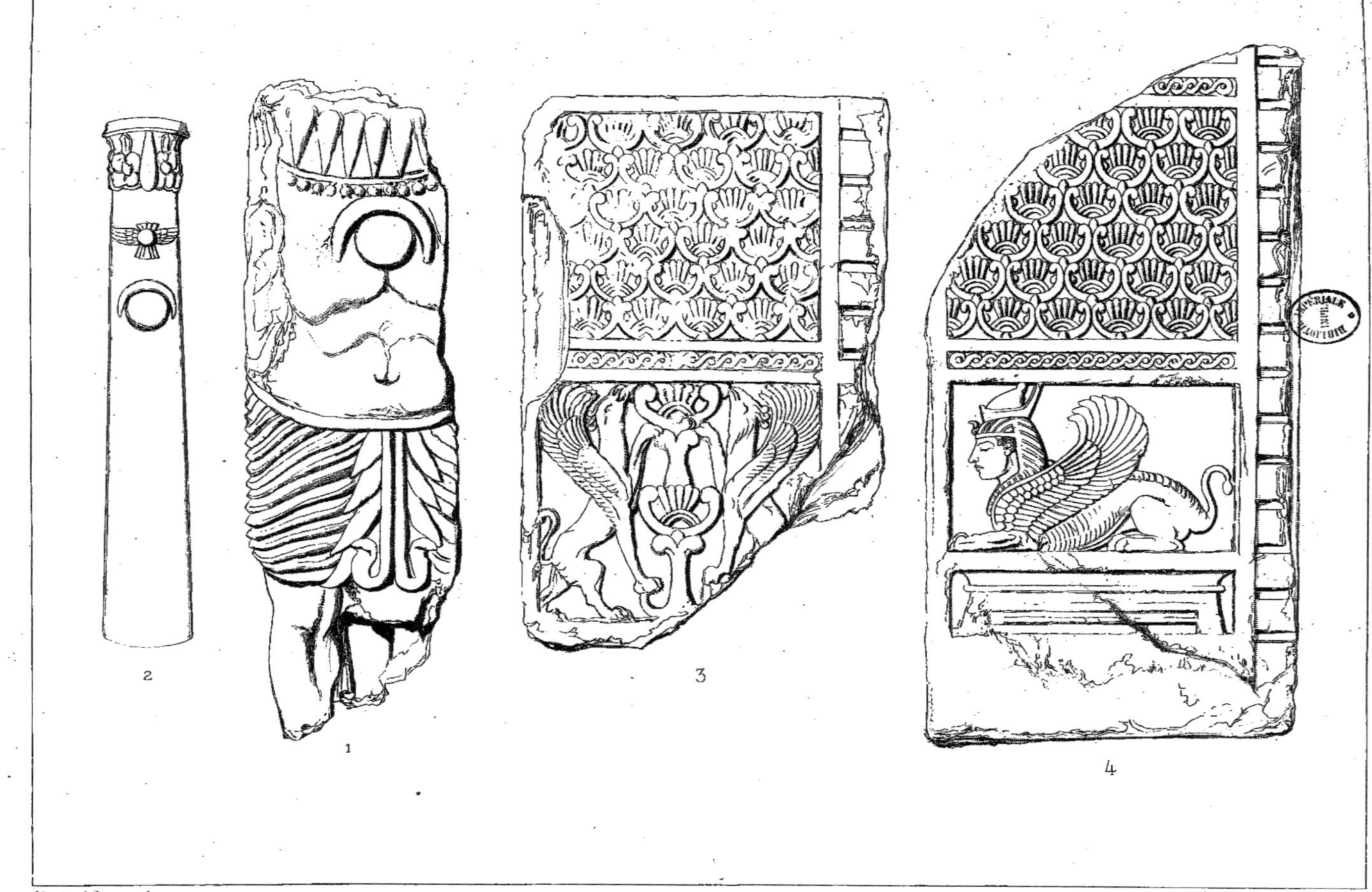


Varin del. et sculp. Imp. Ch. Chardon aîné.

SCULPTURES PHÉNICIENNES.

# BRIQUES VERNISSÉES DE BABYLONE.

Ces fragments de briques, recueillis à quelque distance de la ville de Hillah, dans les ruines de Babylone, par M. Pacifique Delaporte, consul général de France, sont émaillés sur l'une de leurs faces. Ils proviennent des revêtements de ces murailles décorées de tableaux dont l'existence est attestée, non pas seulement par ces fragments mêmes, mais encore par un passage fort important de Ctésias, médecin d'Artaxerce. Cet écrivain, qui avait habité Babylone, attribuait les plus beaux édifices decette ville à Sémiramis, et il s'exprime ainsi :

« A l'intérieur de la première enceinte, elle en construisit une autre de forme circulaire, sur laquelle on voyait toute espèce d'animaux imprimés sur les briques (πλίνθος) encore crues, et imitant la nature par suite de l'emploi des couleurs : Καθ'ὃν ἐν ὠμαῖς ἔτι ταῖς πλίνθους διετετύπωτο θηρία παντοδαπὰ τῇ τῶν χρωμάτων φιλοτεχνίᾳ τὴν ἀλήθειαν ἀπομιμούμενα.

« La troisième enceinte, celle du centre, embrassait vingt stades. Sur les tours et les murailles on voyait toute sorte d'animaux admirablement imités tant pour la forme que pour la couleur. Le tout représentait une chasse de divers animaux dont les proportions dépassaient quatre coudées; au milieu Sémiramis à cheval lançant un trait contre une panthère, et, à côté, son époux Ninus frappant de sa lance un lion qu'il attaque de près.» (*De reb. Assyr. fragm.*, apud Diod. Sic., II, VIII.)

La physionomie de ce dernier groupe nous est exactement indiquée par un bas-relief de Sardanapale V (VII^e siècle), recueilli dans l'enceinte de Ninive et conservé au Louvre.

N° 1. — Caractère [cunéiforme] *na* appartenant au vieux système d'écriture; il se détache en blanc sur un fond bleu.

N° 2. — Partie du caractère [cunéiforme] *ku*, également blanc sur fond bleu. Ces deux caractères, provenant évidemment d'un même texte, peuvent être rapportés au temps de Nabuchodonosor (VI^e siècle avant notre ère).

N° 3. — Frange d'un vêtement; jaune brillant. Ce détail d'ornementation, très-fréquent dans les sculptures assyriennes, conviendrait à une figure de quatre coudées de hauteur. Le noir a été passé sur des lignes creuses.

N° 4. — Pétales blancs d'une fleur, un peu en relief, cernés de noir et se détachant sur un fond bleu. On sait en quel nombre considérable les rosaces de toute dimension se rencontrent sur les monuments assyriens. Elles devaient être tout aussi communes dans les compositions babyloniennes. Celle dont nous donnons ici un fragment était formée de pétales blancs entourant un cœur jaune. C'est ce que montrent d'autres débris. Il est à remarquer que les rosaces se retrouvent sur l'étoffe qui forme la coiffure de la déesse Hathor, divinité empruntée de très-bonne heure à l'Asie occidentale par la religion des Égyptiens.

N° 5. — Fragment d'une aile. Les plumes sont modelées en léger relief. L'émail est très-vitreux.

N° 6.—Fragment d'un tronc de palmier, se détachant en portion de cylindre sur un fond bleu. Les détails noirs sont tracés sur les lignes creuses. Les palmiers, sculptés en très-grand nombre dans les bas-reliefs assyriens, offrent un tronc quadrillé tout à fait semblable à ce que nous voyons ici.

Les briques émaillées étaient réunies à l'aide de bitume, suivant le procédé indiqué par Hérodote (liv. I, chap. CLXXVIII et CLXXIX) et Ctésias (*De reb. Assyr.*, apud Diod., II, VII, 4), et de manière à former de grandes mosaïques à reliefs. Les fragments recueillis par M. Delaporte, et acquis par le Musée en 1865, s'accordent d'une manière frappante avec les textes mentionnés plus haut.

Quelques-uns d'entre eux portent une couche de bitume assez épaisse et comprimée par la juxtaposition de la brique voisine.

Les dessins, de grandeur exacte, ont été exécutés d'après les originaux, et mis sur pierre par M. Régamey.



---

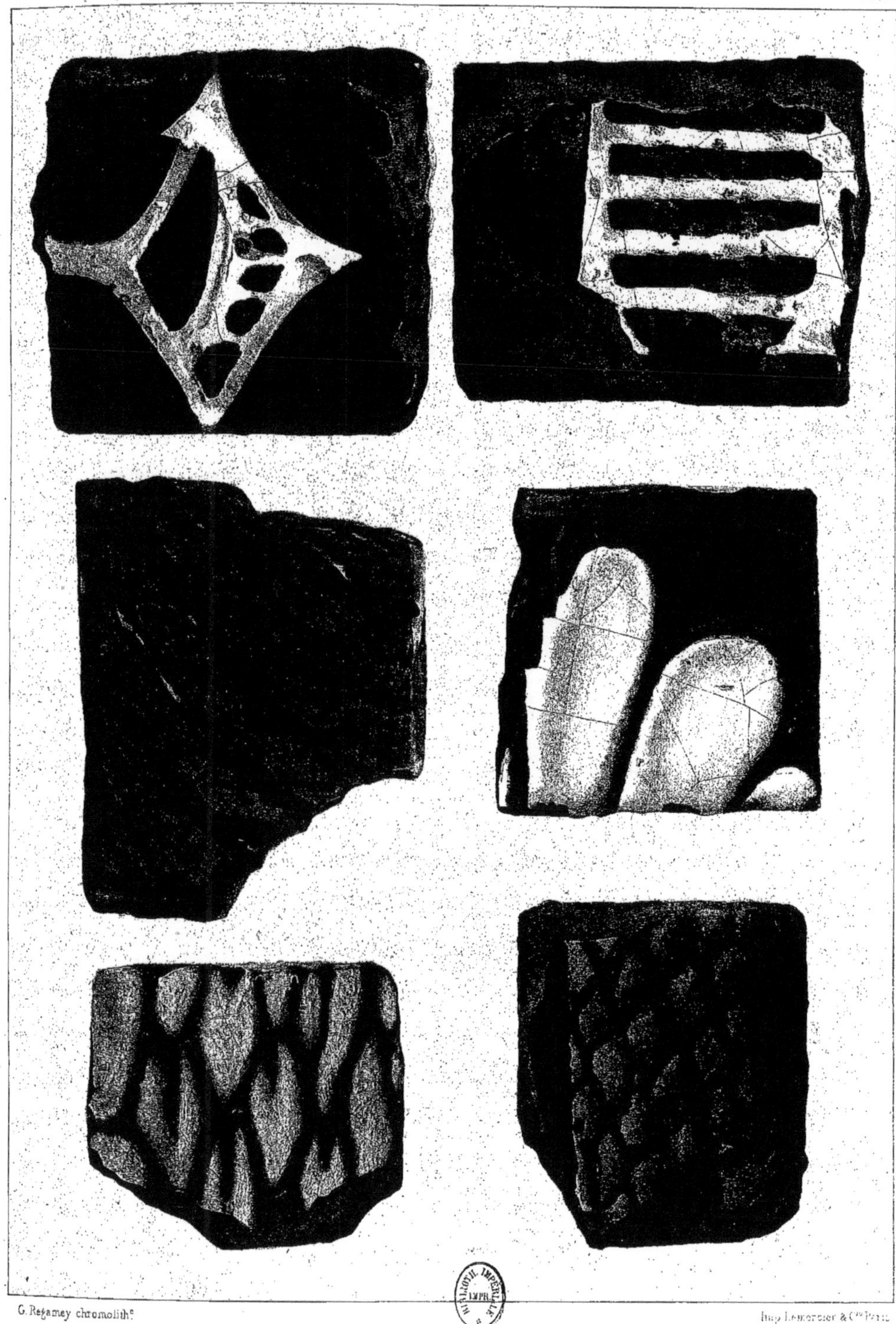

G. Regamey chromolith.^e Imp. Lemercier & C.^ie Paris



BRIQUES VERNISSÉES DE BABYLONE

# MUSÉE

# NAPOLÉON III

## CHOIX DE MONUMENTS ANTIQUES

POUR SERVIR A L'HISTOIRE DE L'ART

EN ORIENT ET EN OCCIDENT

---

TEXTE EXPLICATIF

PAR

ADRIEN DE LONGPÉRIER

MEMBRE DE L'INSTITUT

CONSERVATEUR DES ANTIQUES DES MUSÉES IMPÉRIAUX

**Livraisons 10, 11, 12**

COUPE D'ARGENT DORÉ TROUVÉE A LARNACA.
*Gravure sur acier.* — Texte et planche XI.

BAS-RELIEF D'ASCALON.
*Gravure sur acier.* — Texte et planche XXII.

---

VASES ÉMAILLÉS, DE CAMIRUS.
*Lithochromies.* — Texte et planche L.

---

VASES ÉMAILLÉS, DE CAMIRUS.
*Lithochromies.* — Texte et planche LI.

IX

PARIS

L. GUÉRIN ET Cie, ÉDITEURS, RUE BONAPARTE, 5

DÉPOT ET VENTE A LA LIBRAIRIE

THÉODORE MORGAND, RUE BONAPARTE, 5

Planche XI.

# COUPE D'ARGENT DORÉ TROUVÉE A LARNACA

## (ILE DE CHYPRE)



Ce vase, entièrement doré à l'intérieur, est orné de sujets en relief, avec détails gravés à la pointe.

Au centre, on voit le roi vêtu d'un habit court, ayant un collier et des bracelets, la tête surmontée de deux plumes droites entre deux *uréus,* brandissant de la main droite une masse d'armes, tenant de la gauche un arc, deux flèches et en même temps la chevelure de trois vaincus à demi renversés qu'il s'apprête à frapper. L'un d'eux est nu et imberbe, les deux autres sont barbus et vêtus de longues tuniques. Devant le roi, un épervier ou un aigle qui vole; au-dessus un disque solaire ailé. Derrière ce groupe, un homme barbu, la tête ornée de deux plumes, tenant une lance de la main droite, et de la gauche un arbre, porte sur l'épaule droite un cadavre couvert d'une cotte de mailles, dont les bras et la longue chevelure pendent en arrière.

La frise étroite qui entoure le médaillon central représente cinq sphinx ailés à tête humaine, posant une patte antérieure sur la tête d'un homme étendu à terre, groupe alternant avec cinq griffons ailés à tête d'épervier, posant de même une patte de devant sur la tête d'un homme couché. Une fleur de lotus termine la frise. Le type du sphinx foulant sous ses pieds une figure humaine renversée est connu sur un scarabée égyptien qui porte en outre le cartouche d'un Thoutmès de la dix-huitième dynastie.

Dans une large frise qui borde la coupe, on voit douze groupes exécutés en relief assez fort. D'abord, Hercule couvert de la dépouille du lion luttant contre un grand lion qui se dresse devant lui (sujet répété deux fois). Puis le personnage imberbe perçant de son épée un griffon ailé, type exactement semblable à celui qui se remarque dans la deuxième frise de la coupe précédente (pl. X) (sujet répété quatre fois).

Vient ensuite un Hercule de petite taille portant sur ses épaules une lionne vivante, et tenant par le cou un grand oiseau qui marche devant lui (répété deux fois).

Puis un personnage imberbe, vêtu d'une courte tunique, le cou orné d'un collier, la tête nue, perçant de son épée un lion dont il a saisi une patte de devant (répété deux fois).

Enfin, un Hercule portant un lion sur ses épaules (répété deux fois).

Dans cette frise on remarque encore trois arbres coniques qui paraissent être des cyprès.

Ce vase, trouvé avec le précédent, a été acquis en 1853.

Diamètre $0^{m}$,185.

Calqué et gravé par M. Varin.

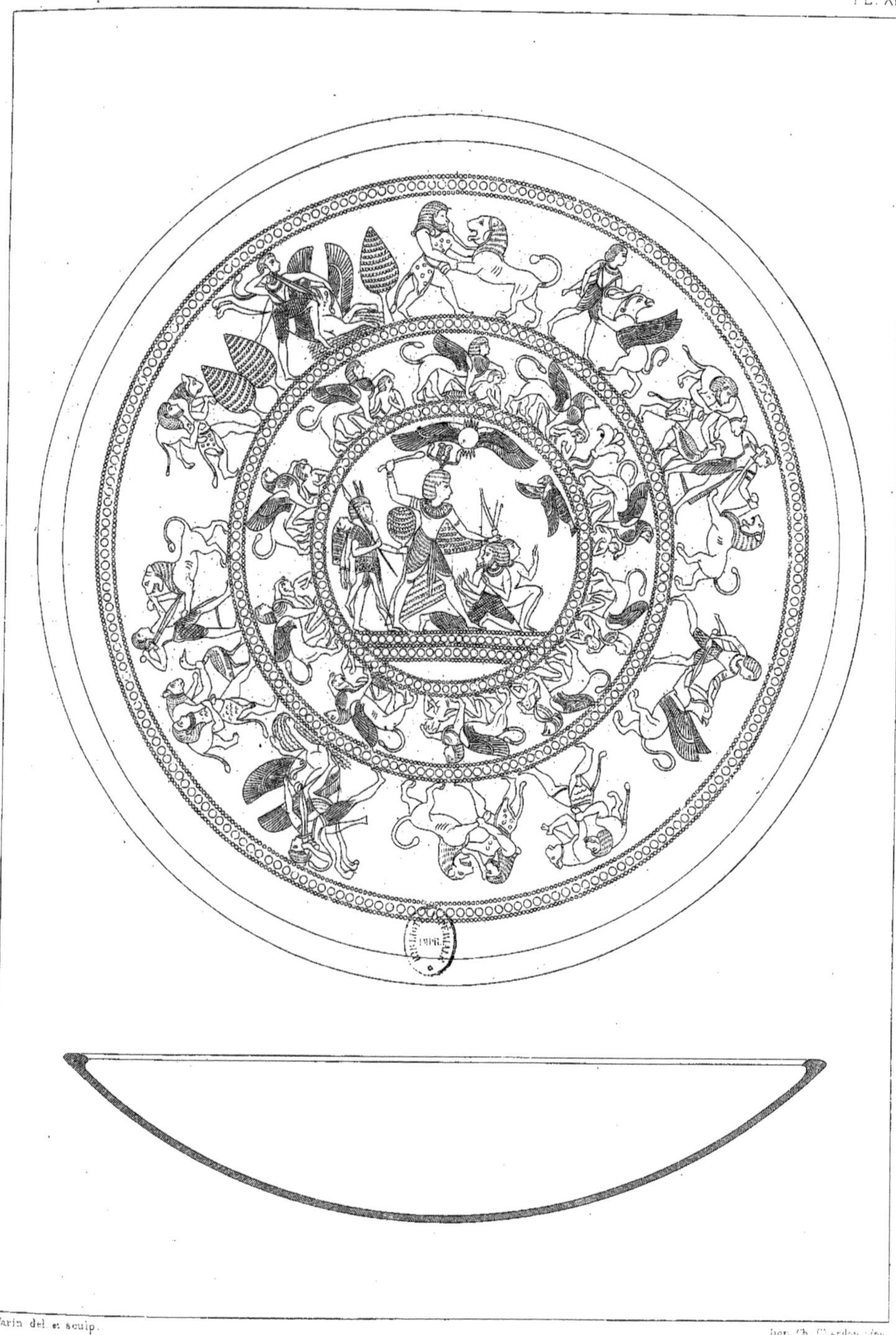



Varin del. et sculp. Imp. Ch. Chardon aîné.

COUPE D'ARGENT DORÉ TROUVÉE A LARNACA
(ILE DE CHYPRE)

Planche XXII.

# BAS-RELIEF D'ASCALON

Acheté à Ascalon par M. F. de Saulcy qui en a fait don au Musée, ce marbre a été apporté à Paris en 1866.

Il représente la grande divinité locale, une Atargatis ou Athara, debout, le cou orné d'un collier, les reins ceints d'un rang de grosses perles, les jambes couvertes d'une jupe étroite, les deux mains ramenées sur l'abdomen, de façon que l'extrémité des doigts s'engage sous l'étoffe. De chaque côté, abritée par une plante au large feuillage, une femme entièrement nue et assise portant une main à sa chevelure qui tombe sur son cou. Ces acolytes ne sont pas dans l'attitude des adorantes, et peuvent constituer avec la figure principale, dont la tête offre la forme d'un disque, un groupe divin, symbole de la lune tripartite, comme la Nana assyrienne. Une coupe d'argent de l'époque des Sassanides, conservée à la Bibliothèque impériale, montre une figure d'Anaïtis ou Vénus perse, entourée de femmes qui portent des objets de parure, et le style de ces figures n'est pas sans analogie avec celui du bas-relief. On doit aussi comparer les arbrisseaux qui s'y voient avec les plantes qui décorent divers vases perses, parmi lesquels il faut citer une aiguière d'argent appartenant à M. le baron Achille Seillière.

Ascalon, l'une des villes que les Philistins possédaient sur les côtes de la Judée, est située entre Asdod et Gaza, un peu au sud de la latitude de Jérusalem. Son territoire était fertile, et produisait des vins renommés (Alexander Trall., lib. VIII, c. III).

En tenant compte de la manière dont les anciens, en général, dessinaient les arbres et les plantes, on est conduit à penser que le sculpteur a entendu représenter deux vignes au cep noueux.

Une forme très-antique de la Dercéto ou déesse d'Ascalon, était un composé d'un buste de femme ajusté avec un corps de poisson. Κατὰ τὴν Συρίαν τοίνυν ἔστι πόλις, Ἀσκάλων,..... παρὰ δὲ ταύτην ὑπάρχει τέμενος θεᾶς ἐπιφανοῦς, ἣν ὀνομάζουσιν οἱ Σύροι Δερκετουν, αὕτη δὲ τὸ μὲν πρόσωπον ἔχει γυναικός, τὸ δ'ἄλλο σῶμα πᾶν ἰχθύος. (Diod. Sic., lib. II, IV, 2). De ces paroles de Diodore de Sicile, il faut rapprocher le passage dans lequel Pausanias parle de l'Eurynomé qui avait en Arcadie un sanctuaire placé au milieu des cyprès, et dont les Phigaliens lui avaient donné la description.... τῶν Φιγαλέων δὲ ἤκουσα ὡς χρυσαῖ τε τὸ ξόανον συνδέουσιν ἁλύσεις καὶ εἰκὼν γυναικὸς τὰ ἄχρι τῶν γλουτῶν, τὸ ἀπὸ τούτου δέ ἐστιν ἰχθύς (lib. VIII, XLI, 6). Les habitants du pays pensaient que cette déesse, retenue par des chaînes d'or, et par conséquent étrangère, était une Artémis. Pausanias avouait qu'une telle figure symbolique, moitié femme et moitié poisson, ne lui semblait d'aucune manière se rattacher à Diane; mais il n'a pas pensé à la déesse d'Ascalon citée par tant d'auteurs anciens, et cette dernière pouvait au contraire avoir avec Artémis-Lune des rapports très-remarquables. D'un autre côté, il faut rappeler cette opinion d'Hérodote, suivant laquelle le temple consacré dans Ascalon à Vénus-Uranie était le plus ancien de tous, celui de Cypre même lui devant son origine (lib. I, c. CV). L'Atargatis ou Astarté d'Ascalon est très-fréquemment reproduite sur les monnaies de cette ville, frappées depuis Auguste jusqu'à Élagabale. Cependant, sous l'Empire romain, l'anthropomorphisme avait fait de si grands progrès que la déesse est représentée avec la forme purement humaine. C'est ainsi qu'elle se voit encore dans le bas-relief, que son style doit faire ranger au nombre des monuments postérieurs à l'ère chrétienne, et probablement même postérieurs aux monnaies qui viennent d'être citées.

Au sujet d'Atargatis-Dercéto, voir plus haut l'explication de la planche III.

Marbre gris. Longueur, 0 m. 57. Hauteur, 0 m. 35.

Dessiné et gravé d'après l'original, par M. Soudain, à l'aide d'une réduction photographique exécutée par M. Gueuvin.

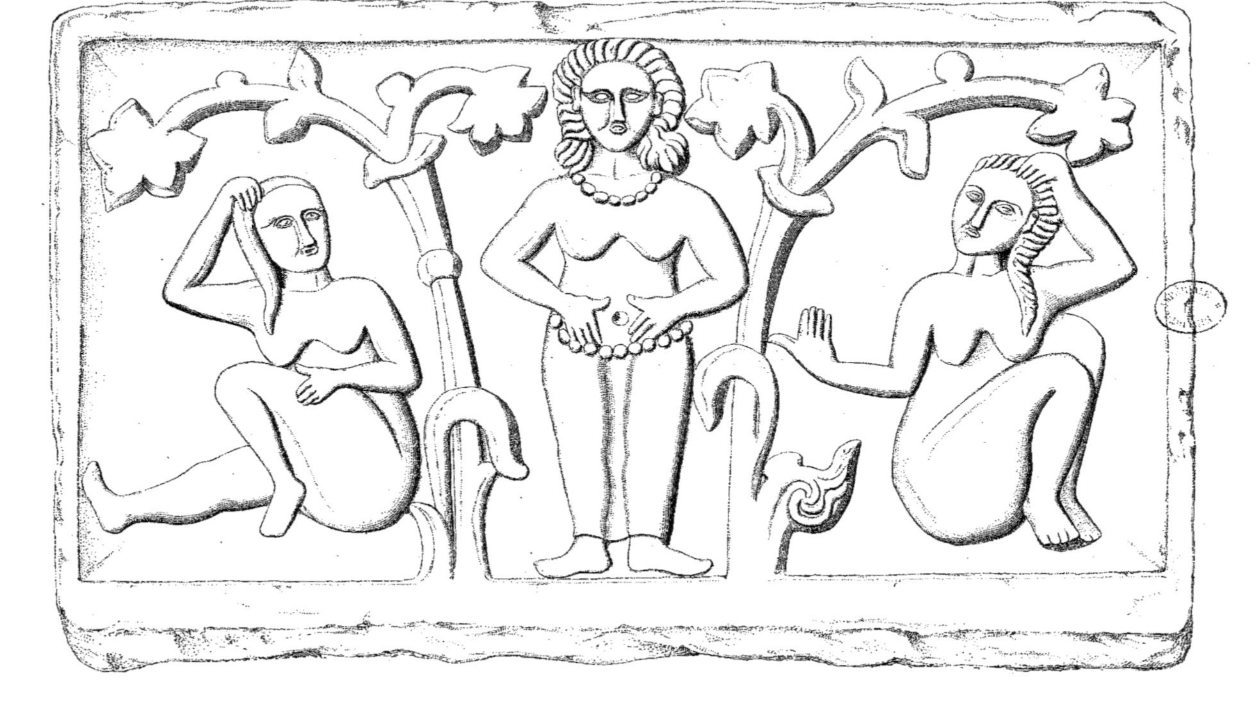

A. Soudain sc. Imp. Ch. Chardon aîné.

BAS RELIEF D'ASCALON.

PLANCHE L.

# VASES ÉMAILLÉS DE CAMIRUS

## (ILE DE RHODES)

---

N° 1. — Vase sans anse. Terre rouge; couverte émaillée vitreuse; col vert; zone blanche chargée de deux filets, entre lesquels sont comprises deux lignes de points bruns. Grand bandeau vert, orné, sur ses deux lisières, de chevrons blancs avec ligne médiane brune; au-dessous, filet et rangée de points bruns, langues brunes et vertes.

Hauteur, 0 m. 15. Acquis en 1863.

La forme de ce vase est tout à fait semblable à celle des jarres qui ont été trouvées dans les fouilles du palais de Némrôd en Assyrie (Layard, *Discoveries in the ruins of Nineveh*, 1853, p. 574).

N° 2. — Autre vase à panse plus renflée. Même terre, même couverte. Décoration composée de quatre quadrilatères ou métopes, entre deux zones blanches chargées de points bruns. Au centre de chaque division quadrilatérale se trouve une rosace. A la partie inférieure, des langues brunes et vertes se détachent sur un fond blanc.

Hauteur, 0 m. 182. Acquis en 1863.

N° 3. — Alabastron apode. Même terre, même couverte.

Au sommet, zone blanche chargée de deux lignes de points bruns. Au-dessous, quatre métopes vertes dans un cadre blanc et brun, échancrées par un triangle de couleur brune. La partie aiguë, de couleur blanche, est ornée de pétales verts et bruns alternés.

Hauteur, 0 m 123. Acquis en 1863.

Ces vases ont été faits sur le tour et paraissent avoir subi une première cuisson avant de recevoir la couverte émaillée, qui est peu adhérente et qui, lorsqu'elle tombe, laisse voir l'épiderme inférieur.

La forme de l'alabastron à pointe (n° 3, et n^os 2 et 3 de la pl. LI) était usitée en Assyrie (Layard, *The monum. of Nineveh*, 1849, pl. XCVII, n° 10) et chez les

Asiatiques Kefa dès l'époque de Touthmès III (Hoskins, *Travels in Ethiopia*, 1835, pl. XLVI; — Wilkinson, *Manners of the anc. Egypt.*, t. I, pl. IV, 2e ligne). Dans la peinture thébaine, on remarque en outre, sur une étagère qui porte une partie des objets apportés par les Kefa à titre de tribut, un vase sur la panse duquel sont marquées des divisions semblables à celles qui reçoivent ici le nom de métopes (description des nos 2 et 3 et pl. LI, nos 1 et 3).

Ces vases, trouvés dans les fouilles dirigées par M. Auguste Salzmann, ont été dessinés d'après les originaux et mis sur pierre par M. Regamey.

---

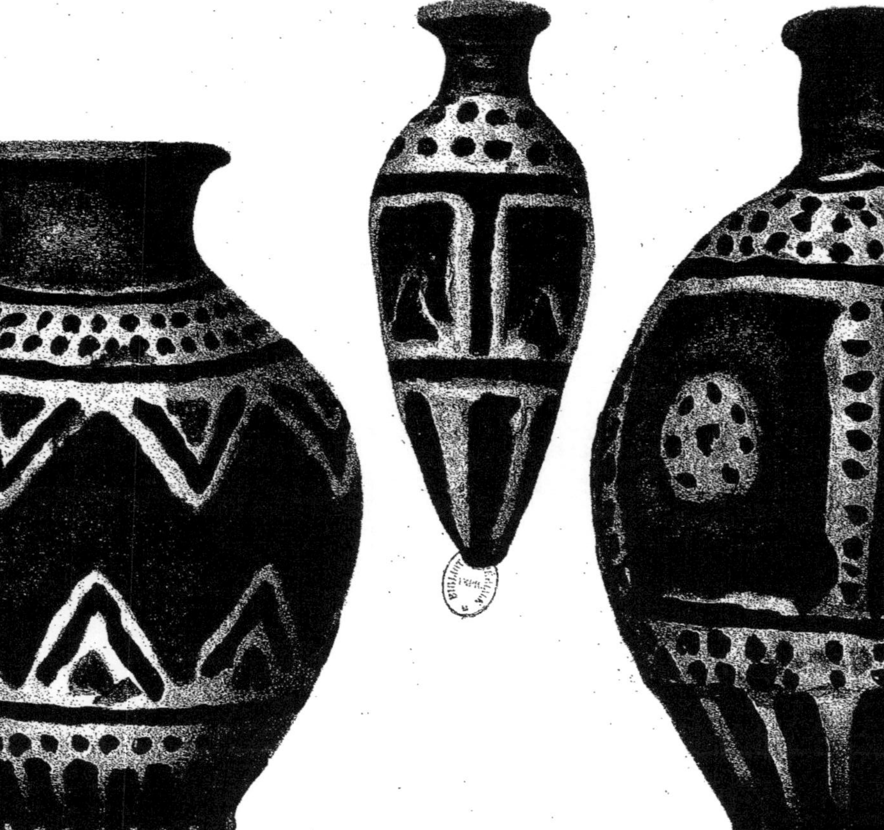

G. Régamey chromolith.

Imp. Lemercier & Cie Paris

VASES VERNISSÉS DE CAMIRUS (RHODES).

Planche LI.

# VASES ÉMAILLÉS DE CAMIRUS

## (ILE DE RHODES)

---

N° 1. — Alabastron sessile. Terre rouge, couverte émaillée vitreuse. Col vert entourée d'une rangée d'oves. Sur la panse, six métopes vertes chargées d'une rosace centrale et comprises entre deux zones blanches ornées de lignes de points bruns. Au-dessous, des langues vertes et brunes se détachent sur un fond blanc.

Hauteur, 0 m. 22. Acquis en 1863.

N° 2. — Alabastron terminé en pointe. Même terre, même couverte.

La panse décorée de six bandes verticales en forme de fuseau; trois sont émaillées en gris verdâtre, trois sont blanches et chargées de chevrons renversés, alternativement noirs et gris.

Hauteur, 0 m. 18. Acquis en 1864.

N° 3. — Alabastron terminé en pointe. Terre rouge, couverte émaillée vitreuse. Fond blanc. A la partie supérieure de la panse, filet et deux rangs de points violets; au-dessous, cinq métopes bleues, dont quatre avec rosace au centre et encadrées par des lignes violettes; à la partie inférieure, longs pétales bleus et violets.

Hauteur, 0 m. 154. Acquis en 1863.

Les chevrons qui décorent le vase n° 2 rappellent ceux qui ont été prodigués dans les bas-reliefs du palais de Némrôd, exécutés sous le règne de Sardanapale III (voy. comme exemple la plante sacrée gravée dans la pl. VII). On en retrouve encore sur les palmettes qui ornent un vase à couverte émaillée de la même époque (Layard, *Second series of mon. of Nineveh,* 1853, pl. LV, nos 2, 3, 8); voir aussi le vase assyrien décrit plus haut (pl. XIII). Un bas-relief du palais de Koyoundjek (règne de Sardanapale V), apporté au musée par M. Victor Place, représente un homme portant un alabastron sphérique dont la panse est ceinte d'une rangée de chevrons contigus.

Le style de ces alabastrons émaillés s'est réfugié dans l'Inde, ainsi que nous le montrent, entre autres exemples, les beaux vases d'Ihallawar (Radjpoutana) envoyés à l'exposition universelle de 1867. L'un de ces derniers, décoré de bandes verticales en forme de fuseau, semble être l'œuvre de quelque artiste de la Babylonie ou de la Phénicie.

Les alabastrons représentés dans la pl. LI ont été trouvés, comme ceux de la planche précédente, dans les fouilles de M. Auguste Salzmann, dessinés d'après les originaux et mis sur pierre par M. Regamey.

---

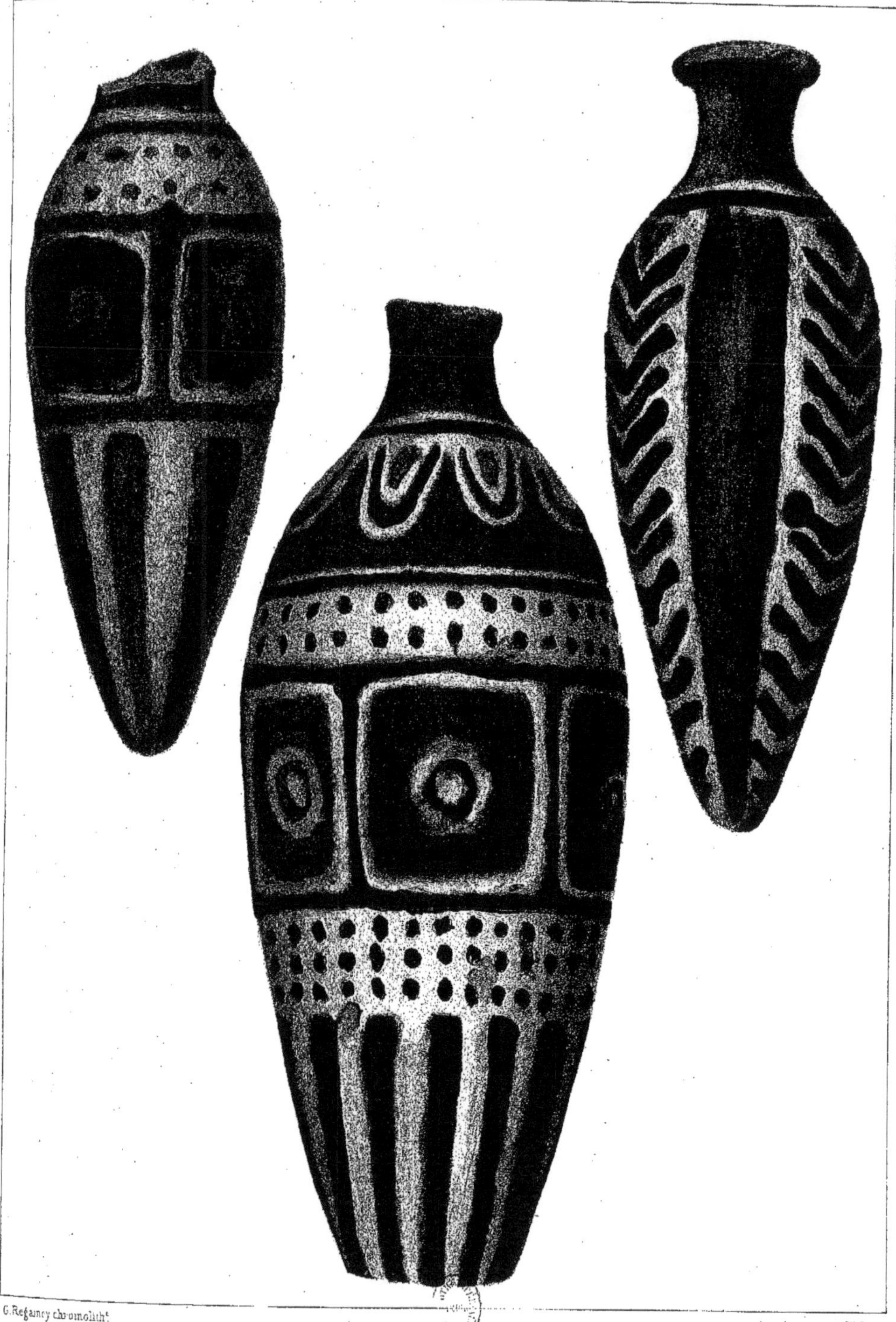

G. Regamey chromolith.

Imp. Lemercier & Cie Paris

VASES VERNISSÉS DE CAMIRUS (RHODES)

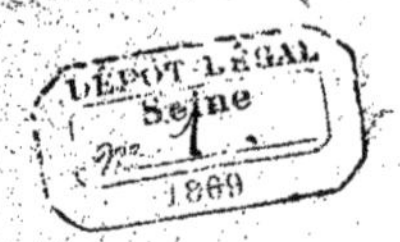


# MUSÉE

# NAPOLÉON III

## CHOIX DE MONUMENTS ANTIQUES

POUR SERVIR A L'HISTOIRE DE L'ART

EN ORIENT ET EN OCCIDENT

---

TEXTE EXPLICATIF

PAR

ADRIEN DE LONGPÉRIER

MEMBRE DE L'INSTITUT

CONSERVATEUR DES ANTIQUES DES MUSÉES IMPÉRIAUX

**Livraisons 13, 14, 15**

SCULPTURE PEINTE RECUEILLIE A ÉDESSE
*Lithochromie.* — Texte et planche VI.

BRONZES PHÉNICIENS
*Gravures sur acier.* — Texte et planche XXI.

SARCOPHAGES DE JÉRUSALEM
*Gravures sur acier.* — Texte et planche XXX.

VASE PEINT CORINTHIEN
*Lithochromie.* — Texte et planche LXV.

PARIS

L. GUÉRIN ET C^ie^, ÉDITEURS, RUE BONAPARTE, 5

DÉPOT ET VENTE A LA LIBRAIRIE

THÉODORE MORGAND, RUE BONAPARTE, 5

PLANCHE VI.

# SCULPTURE PEINTE RECUEILLIE A ÉDESSE

## EN MÉSOPOTAMIE

Tête masculine de pierre grise; les chairs sont colorées en rouge, les yeux en blanc et en noir; les cheveux, très-ras, en noir dont le temps a altéré la teinte.

Achetée à Édesse en Mésopotamie, non loin de la rive gauche de l'Euphrate, par M. Charles Texier, membre de l'Institut, et donnée par lui à son confrère M. J. Berger de Xivrey, cette tête a été léguée par ce dernier à M. W. Brunet de Presles, qui en a fait présent au musée du Louvre, en 1864.

Hauteur, $0^{m}$,28.

Les sculptures de ronde bosse appartenant à l'art des anciens empires chaldéens sont excessivement rares, surtout lorsqu'elles atteignent les dimensions de la tête qui vient d'être décrite. Celle-ci offre une certaine ressemblance avec les œuvres égyptiennes des premières dynasties, mais plutôt par le système de coloration que par le modelé, car la forme du crâne et des yeux n'a rien d'égyptien.

Pour se rendre compte des limites qu'il faut assigner aux rapprochements qu'on serait tenté d'établir entre la tête d'Édesse et les sculptures peintes de l'Égypte, il est utile de prendre pour éléments de comparaison la statue du scribe trouvée dans le tombeau de *Skhem-ka* (v$^{e}$ ou vi$^{e}$ dynastie), et conservée dans la salle civile du Musée égyptien; une tête de pierre calcaire de grandeur naturelle placée dans la même salle, fragment que M. de Rougé considère comme antérieur à l'époque des Pasteurs (*Notice somm. des mon. égypt. exp. dans les gal. du Louvre,* 1855, p. 66); enfin la figure d'un adorateur prosterné devant Apis, sculptée sur une stèle de la xxvi$^{e}$ dynastie (vi$^{e}$ siècle), recueillie dans le Sérapéum de Memphis.

Ces monuments, dont les divers âges embrassent un espace de temps considérable, sont indiqués ici en raison même de l'illusion qu'ils pourraient faire naître, comme aussi des distinctions qu'un examen attentif de leurs caractères permettra de fonder sûrement.

D'un autre côté, une petite tête de jaspe blanc de travail mésopotamien, apportée récemment au milieu de pierres gravées babyloniennes, par M. Tommasini, consul à Alep, offre un point de comparaison très-remarquable puisé dans l'art asiatique.

D'ailleurs plusieurs cylindres babyloniens représentent, faisant le geste de l'invocation devant une divinité vers laquelle il est conduit par un prêtre, un personnage dont la tête rasée a la plus grande analogie, quant à la forme et au style, avec celle que la planche VI reproduit sous deux aspects. Ces cylindres portent des inscriptions en caractères cunéiformes fort antiques, c'est-à-dire en usage longtemps avant le règne de Nabuchodonosor (VII^e siècle).

La planche VI a été exécutée par M. Régamey, d'après l'original, à l'aide de photographies prises par M. Gueuvin.

---

Peint et chromolith. par G. Regamey.

Imp. lith. Lemercier & Cie Paris.

SCULPTURE RECUEILLIE A ÉDESSE.

Planche XXI.

# BRONZES PHÉNICIENS

---

N° 1. — Guerrier imberbe debout, dans l'attitude du combat, la tête couverte d'un casque surmonté d'une pointe très-élevée, muni par derrière de deux bélières destinées, de même que les trous pratiqués au-dessus des oreilles, à fixer un ornement. Il est vêtu d'une courte tunique serrée par une large ceinture de métal. Les orbites des yeux, qui ont été remplies par une incrustation, sont vides. La lance que tenait la main droite, le bouclier qui était fixé sur le bras gauche manquent actuellement. Le double jet de la fonte subsiste encore sous les pieds qui sont nus.

Ce bronze a été trouvé près de Tortose (côte de Phénicie) par M. Péretié, et a été acquis en 1860.

Hauteur, $0^{m}$,21.

N° 2. — Personnage imberbe, debout, les cheveux disposés en natte et tombant sur le dos; les orbites des yeux sont maintenant vides. Les reins sont entourés d'une sorte de subligaculum orné de franges, retenu par une ceinture de métal, et analogue à la *schenti* de la statue royale de Sarepta (pl. XVIII, n° 1) et à celle que nous montre le bas-relief de Moab (pl. XXVIII). La coiffure et les bras, qui étaient rapportés, manquent. Aux pieds, qui sont chaussés de bottines, adhèrent encore les jets de la fonte.

Le bronze, provenant de Latakieh, a été acheté en 1864.

Hauteur, $0^{m}$,17.

On devra comparer la natte de cheveux et l'ajustement de cette figurine avec les détails analogues qui caractérisent les statues de Sémites contemporains de la XIII^e dynastie égyptienne, trouvées à Tanis par M. Aug. Mariette-Bey (*Revue archéol.*, 1862, pl. VII).

Un renseignement plus positif est fourni par une peinture, relevée à Thèbes dans le tombeau de Rekh-khara (règne de Thoutmès III).

On y voit le peuple asiatique nommé Kéfa, avec la *schenti* à franges, les cheveux tombant sur le dos, et, seul entre toutes les nations représentées, chaussé de bottines (Hoskins, *Ethiopia,* pl. 46. — Wilkinson, *Manners and. cust. of the anc. Egypt.*, t. I, pl. IV; deuxième registre, et grav. page 385, fig. I). M. Sam. Birch a supposé que les Kéfa n'avaient qu'une masse de cheveux pendante sur le côté droit et semblable à la coiffure d'Horus (*Mém. de la Soc. des antiquaires de France,* t. XXIV, p. 24).

Mais le Kéfa, lorsqu'il est tourné du côté gauche (Wilkinson, *loc. laud.*, p. 385), présente les mêmes tresses tombant sur le cou et sur le dos. La figurine trouvée à Latakieh, dont les rotules rappellent celles des sculptures assyriennes, doit avoir été exécutée vers l'époque où régnèrent les Thoutmès.

N° 3. — Personnage en forme de gaîne ou de *xoanon*. Sa tête est couverte d'un casque ou de la dépouille d'un lion très-grossièrement figurée; une épée à garde recourbée est suspendue sur le devant de son corps à l'aide d'un balteus qui passe sur l'épaule droite; cette figure porte sur son cou une chèvre ou une biche, et ses bras, qui sont actuellement en partie brisés, retenaient sans doute les pieds de l'animal.

La statuette a fait successivement partie des collections de M. l'abbé de Tersan et de M. Edmond Durand. Acquis en 1825.

Hauteur, $0^m$,094.

L'abbé de Tersan attribuait une origine sarde à ce bronze qui offre, en effet, des rapports marqués avec ceux de provenance bien constatée et que l'on conserve dans les musées d'Italie. On pourra le comparer utilement, ainsi que les deux figures dont la description vient d'être donnée, avec la statuette phénico-sarde du musée Kircher publiée par l'abbé Barthélemy (*Mém. de l'Acad. des inscr.*, t. XXVIII, p. 579). Cette dernière présente aussi des jets de fonte.

N° 4. — Lame de bronze très-mince, travaillée au repoussé et portant des restes de dorure; elle est en forme de quadrilatère, le côté supérieur quatre fois plus large que le côté inférieur; les deux autres côtés sont échancrés circulairement. Une frise qui occupe le tiers de la hauteur représente un taureau dévoré par un lion et une lionne, une antilope attaquée par un tigre; le champ est rempli par des fleurs de lotus. Au-dessous est placé un groupe composé d'un griffon ailé, la tête surmontée de trois aigrettes, déchirant à l'aide de son bec le dos d'un lion à épaisse crinière; ce combat a lieu sur le cadavre d'une antilope. La partie inférieure de cette plaque représente une plante à feuilles recourbées entre lesquelles s'élèvent deux fleurs. Ces sujets sont encadrés par une bordure composée d'une tresse. Le bord est percé de trous fins et très-rapprochés qui ont servi à fixer la feuille métallique à l'aide d'un fil.

Hauteur, $0^m$,122. Provenant de l'ancienne collection Salt.

Cette plaque, en raison de sa forme et de son peu d'épaisseur, peut être considérée comme ayant été employée dans la décoration de vêtements d'apparat tels, que ceux qui se voient sur les bas-reliefs assyriens du palais de Nemrôd (A. Layard, *The monuments of Nineveh*, pl. 6, 8, 9, 43 à 49 et en particulier les bordures de vêtements qui représentent des griffons dévorant une antilope, pl. 43 et 46). Le griffon ailé placé au-dessus d'une plante se trouve aussi dans une tablette d'ivoire recueillie à Nemrôd et qui paraît être de travail phénicien. (Layard, *loc. laud.*, pl. 90).

La planche XXI a été gravée par M. A. Soudain d'après les originaux, avec l'aide de photographies prises par M. Gueuvin.

---

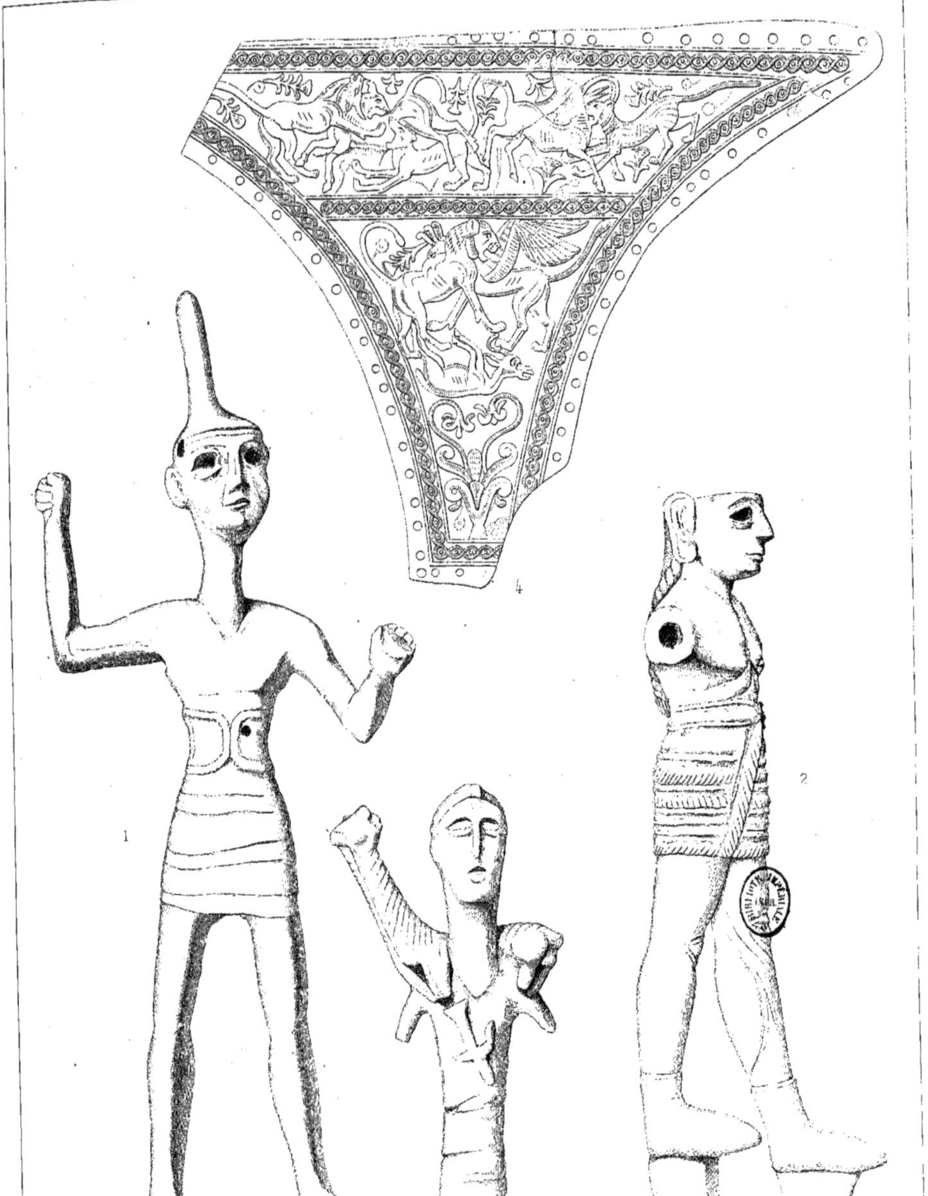

4

2

1

3

A. Soudain, sc

BRONZES PHÉNICIENS

PLANCHE XXX.

# SARCOPHAGES DE JÉRUSALEM

N° 1. — Couvercle hémicylindrique d'un sarcophage extrait en 1851, par M. F. de Saulcy, membre de l'Institut, des tombes creusées aux portes de Jérusalem, et connues sous le nom arabe de *Kobour-el-molouk*, tombeaux des rois.

Ce couvercle est légèrement évasé à la base et encadré par une moulure. Au sommet règne, dans toute la longueur, une bande décorée de rinceaux dans les enroulements desquels se répètent, à partir du centre et en allant vers les extrémités, les représentations suivantes :

Des glands d'yeuse accompagnés de feuilles; des fruits de ricin; un lis; fleur à huit pétales, ouverte et de face; raisin à grains allongés; raisin à petits grains et feuille de pampre. Cette bande est comprise entre deux doubles guirlandes d'olivier avec fruits, encadrées par une torsade; et tout autour règne un bandeau orné de rinceaux formés des tiges de divers arbres ou plantes chargés de fruits et de fleurs. On y remarque des grappes de raisin, des roses, des lis, des coloquintes, des grenades, des cédrats, des glands, des amandes, des citrons.

Toute cette décoration est exécutée à la râpe, et le fond sur lequel elle se détache n'est pas nivelé.

Calcaire dur veiné de rouge.—Longueur du fragment, 1 m. 95. Largeur, 0 m. 55.

N° 2. — Sarcophage provenant des *Kobour-el-molouk*, transporté au Mékemeh ou tribunal de Jérusalem, et envoyé en France, à la demande de M. de Saulcy, par Izzet-Pacha, gouverneur de cette ville.

La cuve et le couvercle hémicylindrique sont encadrés par des moulures et décorés de dix rosaces, disposées sur la partie antérieure. La rosace centrale du couvercle est composée de six lis; celle qui est placée au-dessous est formée d'une fleur épanouie entourée de huit lis. A partir de ce point central les rosaces se répètent symétriquement, c'est-à-dire que la première est semblable à la cinquième, la seconde pareille à la quatrième. Les dix rosaces n'offrent ainsi que six variétés.

Entre les rosaces sculptées sur la cuve sont disposées huit patères à umbo ou ornements annulaires, semblables à ceux qui se voient à l'extrémité verticale du sarcophage n° 1. (Voir pl. XXXI, n° 1.) Tout le champ du couvercle est piqué à la boucharde; celui de la cuve est travaillé au ciseau.

Calcaire très-dur, veiné de rouge. — Longueur, 2 m. 03.

Apporté au Louvre en 1866.

Les monuments contenus dans cette planche ont été dessinés d'après les originaux et gravés par M. Oury.

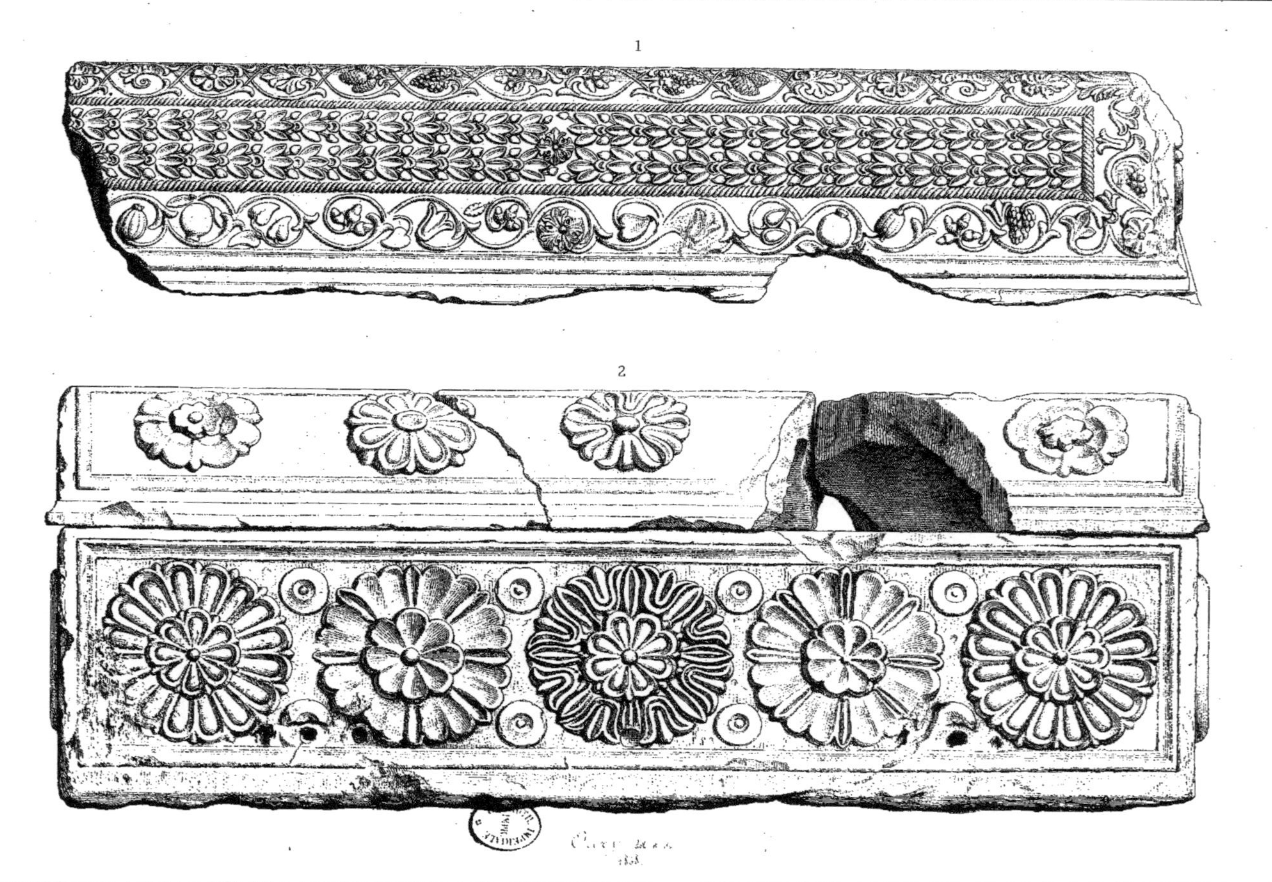


SARCOPHAGES DE JERUSALEM

Planche LXV.

# VASE PEINT CORINTHIEN

Très-grande œnochoé à gorge évasée; anse accompagnée de deux rondelles. Terre pâle; figures noires et rouges retouchées à la pointe. L'extérieur du col est revêtu d'une couverte noire. La surface de la panse est divisée en quatre zones, séparées par des bandeaux horizontaux formés de filets rouges, blancs et noirs.

Premier registre : Grand buste de femme tourné vers la droite; les cheveux tombent en masse sur les épaules, et sont ceints d'un diadème. La poitrine est couverte d'un ample péplus (comparer à la figure d'Iole représentée dans la planche LXXII).

Ce buste est placé entre deux lions, suivis chacun d'un cygne.

Deuxième registre : Deux femmes debout, l'une en face de l'autre et se donnant la main. Dix-sept autres femmes, tournées toutes de profil vers la droite, se tenant par la main, et formant ainsi, avec les deux premières, une chaîne continue. Elles ont des cheveux pendant sur le dos, et leur vêtement, composé d'une longue tunique, est tantôt à fond rouge avec une bordure noire, tantôt décoré de larges bandes horizontales noires et rouges.

Troisième registre : Sirène en forme d'oiseau à tête de femme, entre deux lions de profil. Un taureau, deux lions; cerf et mulet paissant.

Quatrième registre : Trois lions alternant avec un mulet paissant, un bouc, un cygne et un bélier.

Le champ de ces quatre frises est semé de rosaces de diverses grandeurs, et de points qui meublent tout l'espace entre les figures. A la partie inférieure, au-dessous d'un large bandeau noir, des rayons partant du pied dessinent une rangée d'oves de la couleur pâle du fond général.

Ce vase, qui provient de la galerie Pourtalès, a été acquis en 1865. Ses dimensions extraordinaires le recommandent tout d'abord à l'attention, mais ce qui le rend particulièrement remarquable, c'est qu'il fournit un exemple de l'introduction des figures humaines dans les zones, là où antérieurement on ne voyait que des animaux naturels ou symboliques.

Les Grecs, tout en cédant à leur prédilection pour la figure humaine, n'en conservèrent pas moins dans leurs œuvres d'art certains détails d'origine asiatique. A l'œnochoé reproduite dans la planche LXV, on pourra comparer la description du magnifique péplus fabriqué pour Alcisthènes de Sybaris. Suivant l'auteur des *Récits merveilleux* qu'Athénée croit être Aristote, l'étoffe de ce vêtement était décorée de l'image des principaux dieux de la Grèce, entre deux zones ou bordures ornées de sujets orientaux; le haut représentait les animaux sacrés des Susiens, le bas ceux des Perses (*De mirabilibus auscultationibus,* XCIX, édition Beckmann, p. 200, sqq.).

Hauteur, $0^{m}$,44.

La planche a été exécutée en couleur et mise sur pierre par M. Régamey.

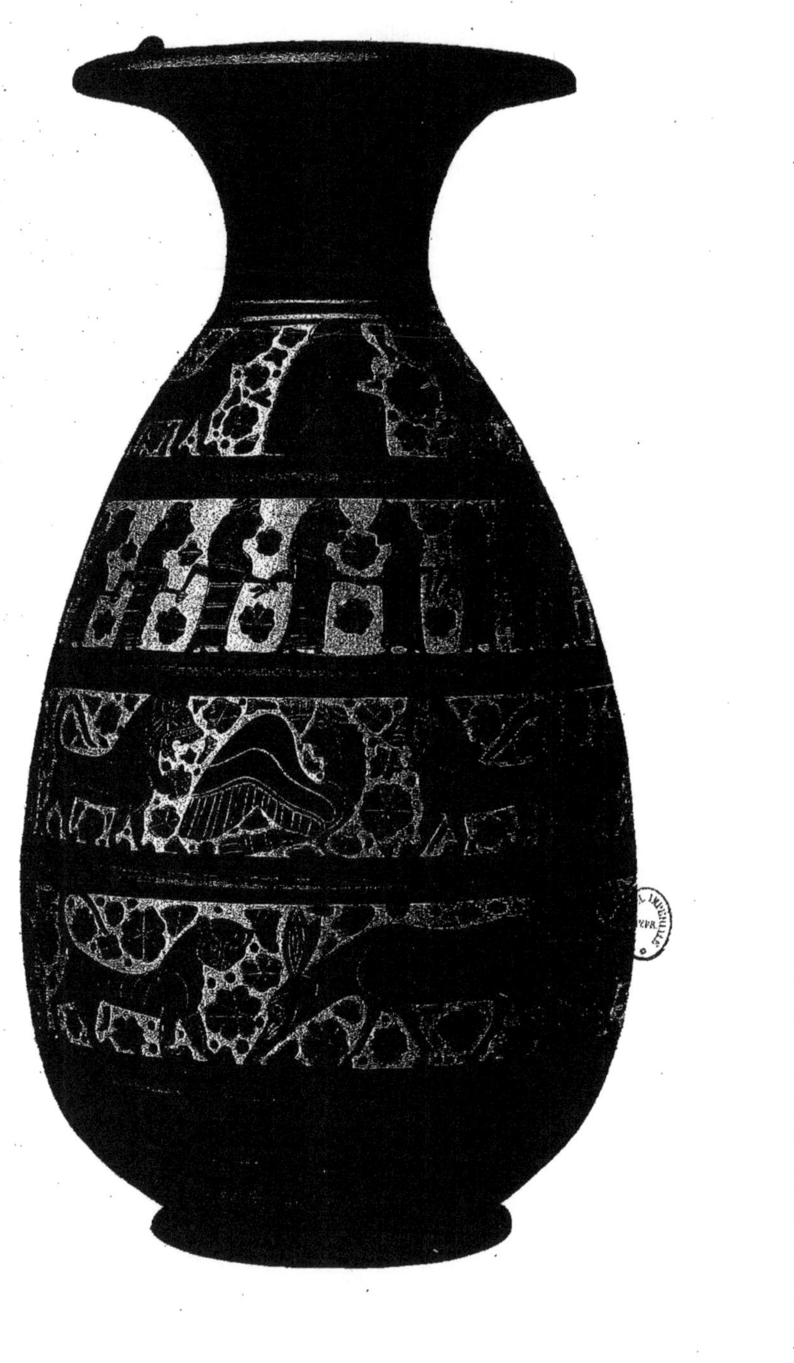

Peint et chromolith. par G. Regamey. Imp. lith. Lemercier & Cie Paris

VASE PEINT CORINTHIEN.

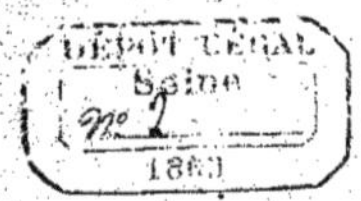


# MUSÉE

# NAPOLÉON III

## CHOIX DE MONUMENTS ANTIQUES

POUR SERVIR A L'HISTOIRE DE L'ART

EN ORIENT ET EN OCCIDENT

---

TEXTE EXPLICATIF

PAR

ADRIEN DE LONGPÉRIER

MEMBRE DE L'INSTITUT

CONSERVATEUR DES ANTIQUES DES MUSÉES IMPÉRIAUX

**Livraisons 16, 17, 18**

PLATEAU DE CERI
*Lithochromies.* — Texte et planche LXXXVII.

BRONZES BABYLONIENS
*Gravures sur acier.* — Texte et planche I.

GRAND VASE CORINTHIEN
*Gravures sur acier.* — Texte et planche LXXI.

CANTHARE ET PLAT DE CAMIRUS
*Lithochromies.* — Texte et planche LII.

PARIS

L. GUÉRIN ET Cie, ÉDITEURS, RUE BONAPARTE, 5

DÉPOT ET VENTE A LA LIBRAIRIE

THÉODORE MORGAND, RUE BONAPARTE, 5

Planche LXXXVII.

# GRANDS PLATEAUX DE CÉRI

N° 1. — Plateau circulaire très-épais, à fond lisse. Le rebord, formant deux biseaux, est décoré de figures en relief exécutées à l'aide de deux types identiquement répétés onze fois sur le biseau intérieur, et douze fois à l'extérieur. Ces groupes, qui alternent, se composent de deux grands lions dévorant un taureau abattu et tourné vers la droite, et de deux autres lions déchirant un mulet aussi abattu et tourné vers la gauche. Toute la surface du plateau est enduite d'une belle teinte rouge.

Terre cuite. Diamètre, 0 m., 425.

N° 2. — Autre plateau de même style et de plus grande dimension; il présente un ombilic très-saillant, entouré de quatre cercles creux tracés au tour, et d'une sorte de guirlande composée de traits courts, disposés en arête de poisson et marqués à l'ébauchoir. Le rebord en biseau, incliné vers l'extérieur, est décoré de dix-huit petits bas-reliefs imprimés avec la même estampille carrée, et représentant un cavalier qui conduit son cheval à droite. Les intervalles entre les empreintes d'estampille forment une série de triangles allongés dont le sommet est tourné vers le centre du plateau.

Le revers (figuré dans notre planche), entièrement peint en rouge-brun, est orné d'une grande rosace à huit pétales tracée au pinceau, et entourée d'une rangée d'oves exécutés par le même procédé.

Le plateau (particularité rare) est porté sur quatre pieds quadrilatères, fixés à la barbotine avant la cuisson. La face intérieure de ces supports est peinte en rouge et chargée de deux lignes blanches qui se coupent en diagonale. L'extérieur présente un cavalier en relief, imprimé avec l'estampille qui a servi pour le rebord circulaire.

Terre cuite. Diamètre, 0 m., 55.

Ces plateaux proviennent, ainsi que les vases de même fabrique représentés dans la planche LXXXVI, des tombes souterraines de Céri, et ils ont été acquis en 1862.

L'emploi qui leur a été attribué en Italie, où ils sont considérés comme des *foculi,* est inadmissible; les couleurs dont ils sont revêtus, et particulièrement la rosace peinte avec tant de soin sous le plateau n° 2, le démontrent suffisamment. On en peut étudier un grand nombre au Louvre, et pas un d'eux ne porte une trace de feu. Le nom d'Ὑποκρατήριον leur a été appliqué par extension et correspond du moins à leur destination relative; car l'ombilic saillant et les cercles tracés à l'entour indiquent l'intention d'arrêter le grand vase posé sur le plateau. Celui-ci recevait, comme une soucoupe, les portions de liquide (huile ou vin) qui pouvaient s'échapper du *pithos* pendant qu'on y puisait. La décoration remarquable donnée au revers du plateau n° 2 prouve encore qu'il devait être retourné et bien probablement utilisé comme couvercle; l'usage des soucoupes à deux fins s'est conservé en Chine. Ceci expliquerait parfaitement pourquoi, dans les hypogées de Céri, où ont été recueillis les grands *pithos* cannelés et chargés d'impressions en relief, les archéologues n'ont signalé la présence d'aucune pièce de terre cuite ou d'autre matière pouvant servir à clore ces vases.

La planche, exécutée à l'aide de photographies, a été mise en couleur, d'après les monuments originaux, par M. Régamey.

---

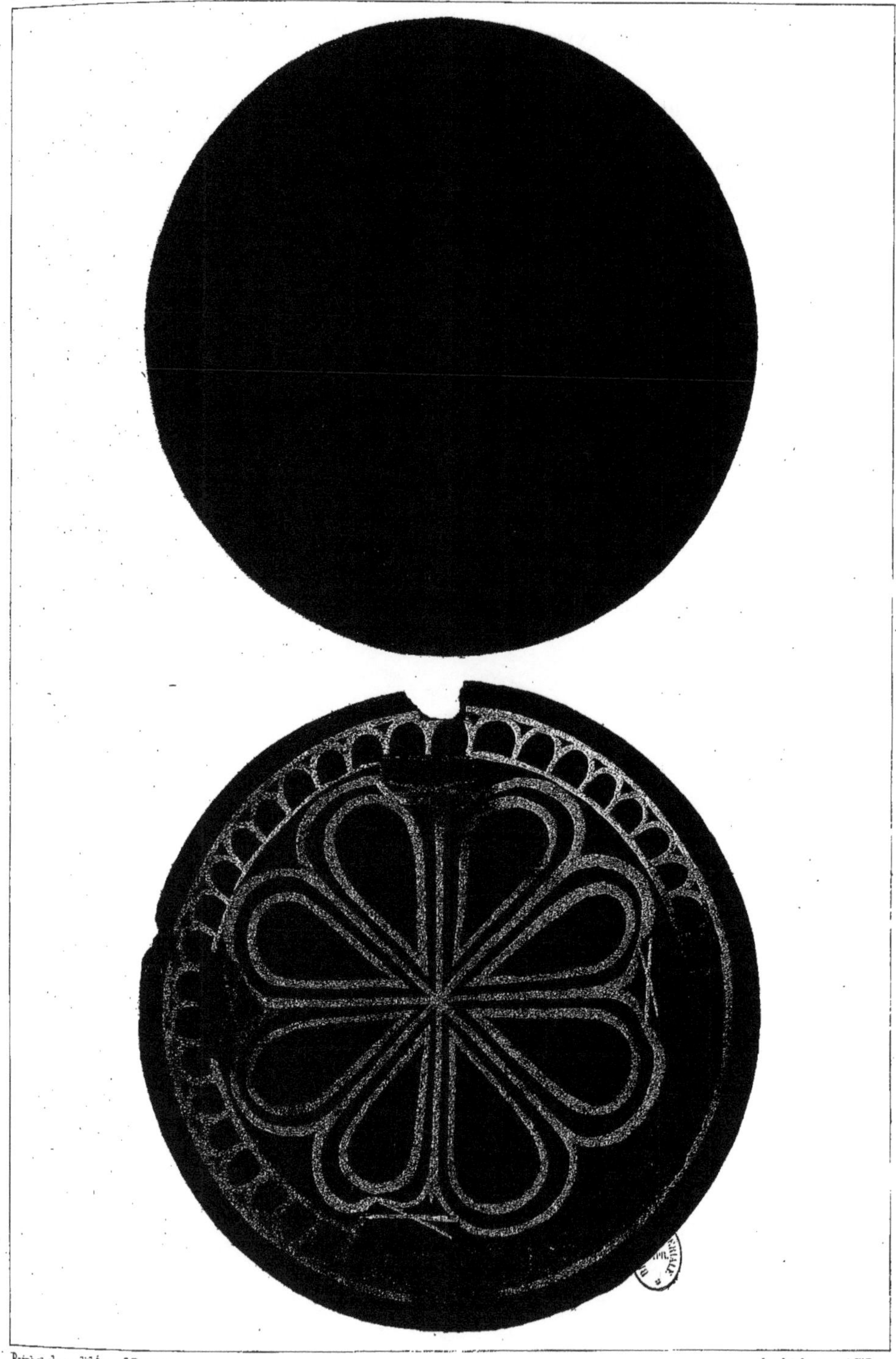

Peint et chromolithé par G. Regamey. Imp. lith. Lemercier & Cie Paris

GRANDS PLATEAUX DE CERI.

Planche I.

# BRONZES BABYLONIENS

N° 1. — Canéphore. Femme debout, portant sur sa tête entièrement rasée une corbeille qu'elle soutient à l'aide de ses deux mains. La partie supérieure de son corps est nue; mais ses reins et ses jambes sont entourés d'un vêtement étroit sur lequel est gravée une inscription composée de deux colonnes de caractères cunéiformes du système chaldéen de Babylone, comprenant l'une dix-neuf lignes et l'autre dix-huit [1]. L'inscription commence sur l'arête du flanc gauche et fait le tour du corps; les lignes se dirigent de la ceinture vers les pieds, qui sont brisés, de façon cependant que le cadre de l'inscription demeure intact.

Cette précieuse figure, qui peut être considérée comme la plus ancienne représentation humaine en bronze que l'on ait encore retrouvée, a été découverte sur les bords de l'Euphrate, au-dessous d'Afadj, non loin de Bagdad. Elle a d'abord fait partie de la collection de M. le docteur Alfred Duthieul, médecin de la commission sanitaire française, dans cette dernière ville.

L'inscription a été un peu altérée par le temps; mais M. Jules Oppert, qui l'a étudiée sur notre copie, y a constaté (à la 7e ligne) le nom du roi Koudourmapouk

[illegible]

que les monuments ont fait connaître comme fils de Simtisi-Karhak, et qui invoque ici une déesse mère des dieux pour lui et pour son fils Zikar-Sin (11e ligne),

[illegible]

lequel fut aussi roi, comme le prouvent d'autres inscriptions [2].

1. Ce sont là des nombres absolus destinés à guider le lecteur; mais le paléographe ne comptera dans la première colonne que seize lignes, et dans la seconde que treize, indiquées d'ailleurs par les filets de séparation tracés dans le métal. La différence tient à ce que, sur plusieurs points, il y a des caractères *en dessous* qui ne sont que des compléments de lignes, analogues à ceux que constituent, dans notre typographie, les mots *en dessus* placés à la fin de certains vers que la *justification* ne permet pas de composer sans fractionnement.

2. Voyez, au sujet de ces princes, J. Oppert, *Expédition scientifique en Mésopotamie*, 1863, t. I,

Ces souverains appartiennent à la première dynastie sémitique de Babylone, et Koudourmapouk, qui prend le titre de roi des Sumirs et des Accads (l. 16 et 17), est probablement antérieur au XVIe siècle avant notre ère, un contemporain de la XVIIIe dynastie égyptienne qui a laissé un si grand nombre de beaux monuments parmi lesquels on ne remarque cependant pas de figures de bronze. Les Égyptiens employaient encore de préférence la pierre et le bois pour leurs œuvres de sculpture à l'époque où fut fondue la statuette babylonienne. Acquise en 1859.

Hauteur, 0m.,266.

N° 2. — Figure de prêtre. Il est vêtu d'une longue tunique ornée de cinq rangs de franges ou de bandes plissées disposées en étage. Ses cheveux sont réunis en masse derrière sa tête, qui est coiffée d'une tiare peu élevée, munie de cornes de taureau. Sa barbe est courte et large. Il soutenait de ses deux mains (qui sont brisées) un petit ibex appliqué contre sa poitrine. Cette figure, trouvée à Hillah en 1850, a été donnée au Musée au mois de décembre 1851, par M. Fonfride.

Hauteur, 0m.,130.

Le type de cette statuette est identique à celui de personnages sacerdotaux représentés sur des cylindres babyloniens (voyez entre autres, sous les nos 549 et 553 de la *Notice des antiq. assyr. babylon. du Louvre*, 3e édit., 1854, les prêtres portant des ibex). Le même animal se voit entre les mains de personnages assyriens sculptés sur les bas-reliefs de Sardanapale III à Némrôd, et de Sargon à Khorsabad.

La robe garnie de franges ou de plis étagés se retrouve encore dans la planche II. Ce vêtement doit être comparé à celui des femmes appartenant au peuple des Asiatiques Rotennou représentées sur les monuments de l'Égypte (Wilkinson, *Manners and cust. of the anc. Egypt.*, t. I, p. 365, vignette n° 62, et p. 403, vignette n° 72, fig. 1).

N° 3. — Trépied, composé de trois tiges très-légèrement inclinées, reliées à la partie supérieure par un cercle décoré de traits gravés en creux et de quatre masques en relief; réunies vers la partie inférieure par trois barres droites à la hauteur desquelles des masques sont figurés sur les tiges qui se terminent par des sabots de bœuf. Des cordelettes s'enroulent autour des malléoles, se croisent sur le devant du pied et se nouent un peu au-dessus. L'existence de ce trépied justifie la conjecture de M. A. Layard touchant les pieds de taureau de bronze recueillis par lui dans les ruines de Némrôd (*Discoveries in the ruins of Nineveh and Babylon*, 1853, p. 178 et 179), et qu'il considère comme des fragments de trépied. Quant aux masques, on peut les comparer aux têtes hideuses du dieu de la mort (Cf. Rich, *Narrative of a*

p. 276. — Le même, au mot *Babyloniens*, dans l'*Encycl. du* XIXe *siècle*, 3e édition, t. I, p. 654. — M. François Lenormant qui, dans la première édition de son *Manuel d'histoire ancienne de l'Orient*, avait adopté la forme Chodormapouk (t. I, p. 407 et 408), a, dans la troisième édition du même ouvrage (t. II, p. 29), modifié la prononciation de ce nom, qu'il écrit Chodormabog.

*journey to the site of Babylon*, pl. 7, n° 3; — A. Layard, *The monuments of Nineveh*, 1849, in-fol. pl. 95, n°s 3, 4). Ce bronze a été rapporté de Bagdad par M. Pacifique Delaporte, consul de France, et a été acquis en 1866.

Hauteur, 0m.,330. — Diamètre du cercle supérieur, 0m.,10. — Largeur à la base, 0m.,105.

N° 4. — Amulette de forme quadrilatérale oblongue, avec bélière et figures gravées en creux sur les deux faces.

Divinité assise sur un trône porté par un griffon ailé. Elle est coiffée d'une tiare, et tient un cercle (collier ou couronne). Au dossier de son siége sont fixées six étoiles. Dans la partie supérieure du champ, un astre et un grand croissant. En face de la déesse, un adorateur debout faisant un geste d'invocation. Il est barbu et vêtu d'une longue robe ornée de franges.

4 *a*. — Deux griffons ailés à pieds d'oiseau, dressés l'un en face de l'autre, dans l'attitude du combat. Au-dessus, représentation sommaire des sept planètes.

Cet objet, acquis en Syrie par M. de Saulcy, a été donné par lui au Musée en mars 1860.

Hauteur, 0m.,042. — Largeur, 0m.,030.

Planche gravée d'après les monuments originaux par M. Soudain.

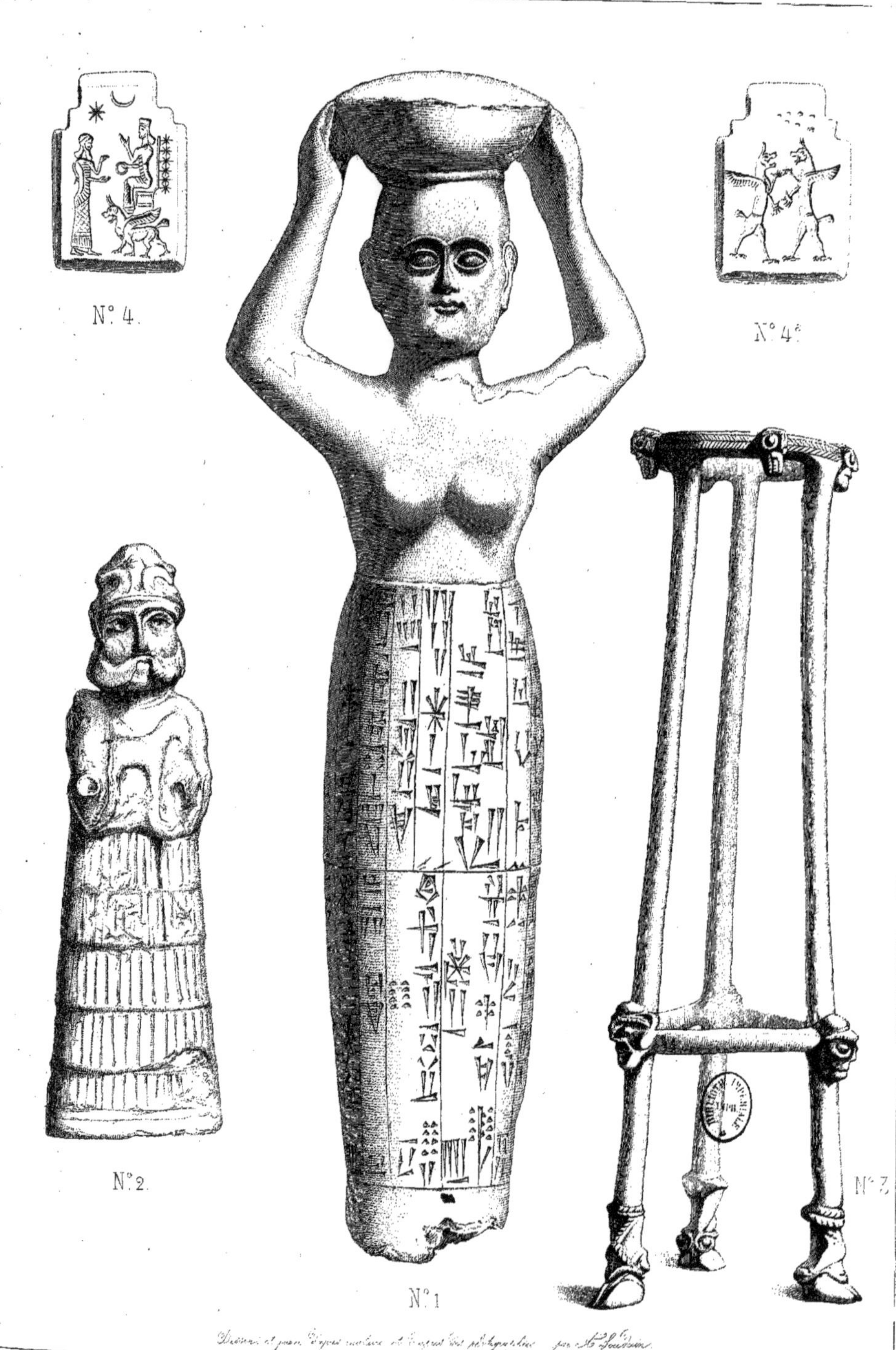


Soudain del. et sc.

BRONZES BABYLONIENS

Planche LXXI.

# GRAND VASE CORINTHIEN

Terre blanche fine et compacte. Couverte jaune très-pâle; figures noires et rouges avec détails gravés à la pointe.

Ces figures sont disposées en deux frises ou registres.

Premier registre. — Eurytius, roi d'Œchalie, donne l'hospitalité à Hercule. Le roi avait promis sa fille Iole à celui qui le surpasserait en habileté au tir de l'arc. Hercule se présenta, remporta la victoire et en réclama le prix; mais Eurytius, préférant à l'avis de son fils aîné Iphitus les conseils de ses autres fils, refusa d'accorder Iole au héros qui avait tué ses propres enfants. Plus tard, Hercule mit à mort Eurytius et ses fils, enleva Iole, et c'est alors que Déjanire, enflammée de jalousie, envoya à son époux la tunique trempée dans le sang vénéneux de Nessus.

L'artiste qui a décoré le vase a représenté sur la face principale Hercule (HEPAKΛEΣ) prenant part au banquet que lui offre le roi d'Œchalie; tous les convives sont étendus sur des clinés; la jeune Iole (FIOΛA) seule est debout près de la table du dieu et de celle de son frère Iphitus (FIΦITOΣ), placé ainsi en évidence à cause des sentiments bienveillants pour Hercule que la tradition lui attribue.

Les deux autres lits portent Eurytius (EYPYTIOΣ) et ses trois fils, Didæon (ΔIΔAIFON), Clytius (KΛYTIOΣ) et Toxeus (TOΞOΣ); ceux-ci rangés dans l'ordre indiqué par ces vers d'Hésiode :

Εὔρυτον ἐν μεγάροισιν ἐγείνατο φίλτατον υἱόν·
Τοῦ δ' υἱεῖς ἐγένοντο Δηΐων τε Κλύτιός τε
Τοξεύς τ' ἀντίθεος, ἠδ' Ἴφιτος, ὄζος Ἄρηος[1].

Les noms de tous ces personnages, à commencer par celui d'Hercule, sont écrits en antiques caractères corinthiens et tracés alternativement de droite à gauche et de gauche à droite, de manière à former, s'ils étaient arrangés en colonne, un texte *boustrophédon*. La description des tables est donnée à l'article de la planche LXXII.

Sous les anses du côté droit, un personnage barbu, vêtu d'une courte tunique, découpe des viandes, aidé par un jeune serviteur qui porte une cuisse d'animal.

1. Hesiodi *Fragment.* XLV, édit. Dübner, 1840, page 52; tiré du Schol. de Sophocle, *Trachin.* 263.

Derrière ce groupe se voit un grand lebès apode posé sur un support élevé, et sur le rebord duquel est placée une œnochoé destinée à puiser le vin qui doit être versé dans les coupes que tiennent les convives.

La seconde face du vase représente un combat homérique. Dans le groupe de droite, les deux Ajax, armés de boucliers sur lesquels sont peints un coq et une rosace, disputent à Hector le corps de Patrocle étendu à terre, ayant à la cuisse une large blessure d'où le sang coule en abondance[1]. Les deux autres groupes sont composés chacun de deux guerriers; ceux de leurs boucliers dont on aperçoit le côté extérieur ont pour ἐπίσημον (marque distinctive) la partie antérieure d'un lion et un croissant noir. Les sept combattants font usage d'une lance à long fer. Leurs casques à haute crista sont de deux formes, dont l'une voisine de celle que nous montrent divers bas-reliefs assyriens; mais ces formes n'indiquent pas ici la nationalité des guerriers. Tous ont les jambes couvertes de cnémides; deux d'entre eux seulement sont revêtus de cuirasses. A chaque extrémité de cette scène, on voit un archer agenouillé lançant une flèche, et muni d'un carquois dont le couvercle est rejeté en arrière.

Sous les anses de gauche, Ulysse et Diomède assistent à la mort d'Ajax, fils de Télamon (voyez pl. LXVI, n° 2). Ainsi, chacune des compositions placées sous les anses se rattache par son sujet à l'une des faces du vase.

Registre inférieur. — Douze cavaliers, vêtus d'une courte tunique et tenant de la main gauche une baguette, conduisent vers la droite leurs chevaux lancés au galop. Au-dessus de l'un d'eux vole un oiseau, indice de rapidité.

Plan horizontal du rebord. — Série de vingt-trois animaux naturels ou symboliques. Trois lions et trois lionnes, une biche paissant; deux chiens courant vers deux lièvres qui arrivent en sens contraire, et sont accompagnés de trois oiseaux volant; quatre sphinx ailés à tête de femme, une sirène, un phénix, un bouc et un bélier paissant, un cygne. Les herbivores sont caractérisés par leur attitude spéciale.

Sur les petites tablettes carrées qui surmontent les anses, on voit deux cavaliers galopant vers la droite, et un chasseur poursuivant un cerf et une biche; cette dernière est atteinte d'un coup de javeline et le sang coule.

La partie supérieure de la panse, immédiatement au-dessous de la naissance du col, est décorée d'une riche guirlande de fleurs montées sur des tiges entrelacées (voyez pl. LXXII). Le vase a été trouvé en 1856 dans un des tombeaux de Céri (Agylla), et a fait partie de la collection Campana. Acquis en 1862.

Hauteur, 0m.,45. — Diamètre 0m.,48.

Planche gravée d'après le monument original par M. Oury.

1. Trois fois Hector avait tenté, en saisissant Patrocle par les pieds, d'attirer à lui le cadavre; trois fois il avait été repoussé par les vaillants Grecs (*Iliad.* XVIII, 155-158). Le peintre du vase s'est conformé à la donnée homérique, en plaçant les pieds de Patrocle du côté du héros troyen.

Ch. Pavy del. et sc.

GRAND VASE CORINTHIEN.

Imp. Ch. Chardon aîné

Planche LII.

# CANTHARE ET PLAT DE CAMIRUS

---

N° 1. — Canthare évasé muni de deux anses annulaires horizontales. Il est fait d'une terre rouge très-fine, enduite à l'extérieur d'une couverte blanche, sur laquelle est peint en noir et en rouge un lion de style asiatique très-prononcé. Au-dessous, la coupe légèrement renflée est décorée de filets horizontaux noirs et de petits groupes de lignes verticales de la même couleur. Le pied conique et les anses sont noirs.

L'intérieur est entièrement noir, orné de filets blancs, d'une petite rosace au fond, et, vers le bord, de trois fleurs ouvertes alternant avec trois boutons; le tout régulièrement espacé et peint en rouge avec réchampis blancs. Ces fleurs ont la même forme que celles qui ornent la partie inférieure des œnochoés représentées dans les planches LVII et LVIII.

Hauteur, 0 m., 15. Acquis en 1863.

N° 2. — Coupe plate de terre rouge pâle très-fine. L'intérieur est enduit d'une couverte jaune, et décoré d'une figure de sphinx asiatique à corps de lion avec tête de femme et aile recoquillée (comparer ce sphinx ainsi que celui de l'œnochoé camirienne de la planche LVII au sphinx et aux griffons phéniciens à ailes recoquillées, planche XVIII, 3, 4, et au Pégase des monnaies corinthiennes frappées au VI^e siècle, trouvées à Myt-Rahineh; *Revue numismatique,* 1861, planche XVIII).

En avant du sphinx et entre ses jambes, des ornements, variés de forme et très-sommairement exécutés, sont destinés à remplir les vides.

Un bandeau chargé d'une sorte de grecque primitive supporte l'animal symbolique, et détermine un segment inférieur décoré de longs pétales d'astéroïde à centre rouge et noir, disposés par groupes de trois alternant avec un pétale blanc.

Le rebord est orné de rayures semblables à celles qui se voient à la base du calice.

Diamètre, 0 m., 295. Acquis en 1863.

Les deux vases ont été reproduits à l'aide de photographies et mis en couleur sur pierre par M. Régamey.

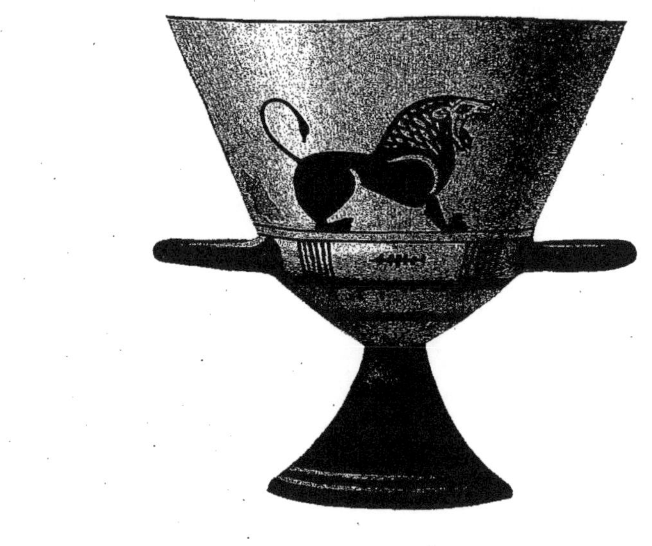

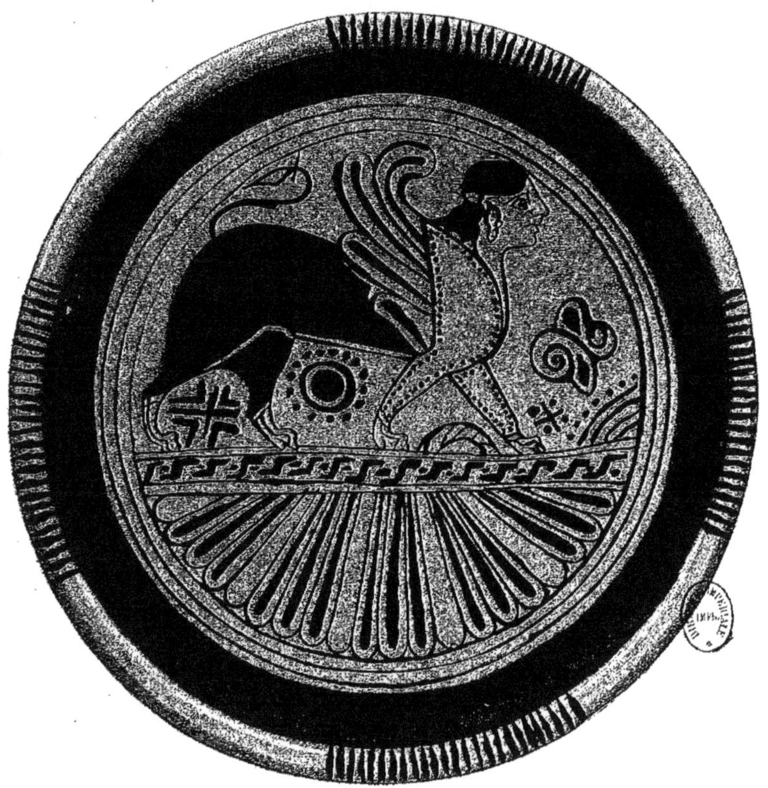

Peint et chromolithé par G. Regamey. Imp. Lith. Lemercier & Cie Paris.

CANTHARE ET PLAT DE CAMIRUS

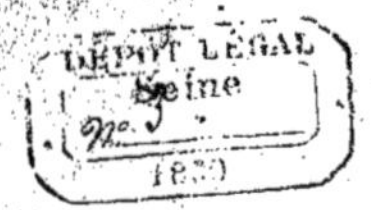


# MUSÉE

# NAPOLÉON III

## CHOIX DE MONUMENTS ANTIQUES

POUR SERVIR A L'HISTOIRE DE L'ART

EN ORIENT ET EN OCCIDENT

---

TEXTE EXPLICATIF

PAR

ADRIEN DE LONGPÉRIER

MEMBRE DE L'INSTITUT

CONSERVATEUR DES ANTIQUES DES MUSÉES IMPÉRIAUX

**Livraisons 19, 20, 21**

TERRES CUITES PHÉNICIENNES
*Lithographies en couleur.* — Texte et planche XXVI.

BAS-RELIEFS DE SARDANAPALE III
*Gravures sur acier.* — Texte et planche VII.

PLATS DE CAMIRUS
*Lithochromies.* — Texte et planche LIII.

VASE D'AMATHONTE, CHAPITEAUX CYPRIOTES
*Gravures sur acier.* — Texte et planche XXXIII.

PARIS

L. GUÉRIN ET C^ie, ÉDITEURS, RUE BONAPARTE, 5

DÉPOT ET VENTE A LA LIBRAIRIE

THÉODORE MORGAND, RUE BONAPARTE, 5

Planche XXIII.

# TERRES CUITES PHÉNICIENNES.



N° 1. — Homme âgé, barbu, debout, coiffé d'un bonnet conique sous lequel passent, entourant le front, deux rangées de petites boucles de cheveux. Il est vêtu d'une tunique à manches, descendant jusqu'aux pieds qui sont nus. Un pan de vêtement supérieur tombe sur le devant du corps. Le bras droit, orné d'un bracelet à plusieurs tours, tient une patère appliquée contre le torse. Le bras gauche est pendant. Cette figure, qui est pleine, n'est pas modelée par derrière. Elle a été rapportée de Beirouth, comme celle qui suit.

Terre cuite. Hauteur, 0 m., 288. Donné par M. de Saulcy en 1854.

N° 2. — Partie supérieure d'une figurine d'homme barbu, coiffé d'une sorte de tiare, vêtu d'un manteau qui passe sur l'épaule gauche et laisse le sein droit à découvert. Les deux bras tombent le long du corps. La figure est pleine et non modelée par derrière. Elle a été trouvée à Tyr.

Terre cuite. Hauteur, 0 m., 11. Acquis en 1852.

N° 3. — Vieillard barbu, assis sur un grand trône à dossier carré; ses oreilles sont ornées de pendants. Il est vêtu d'une longue tunique retenue par une ceinture qui forme un gros nœud sur le devant. Ses pieds reposent sur un hypopodium, et ses deux mains sont appuyées sur la tête de deux béliers dont les corps soutiennent les accoudoirs aux bras du trône.

Trouvé près de Tortose (côte de Phénicie) par M. Péretié.

Terre cuite. Hauteur, 0 m., 118. Acquis en 1860.

Cette dernière figurine devra être comparée à l'Ammon barbu, qui, sur les monnaies d'or de la Cyrénaïque, est représenté debout, tenant un sceptre et accompagné d'un bélier. (Ludv. Müller, *Numismatique de l'ancienne Afrique,* 1860, t. I, p. 50, n° 194.)

La collection asiatique du Louvre contient, parmi les monuments recueillis dans l'île de Chypre, cinq figures de pierre calcaire très-diverses de grandeur, représentant un personnage assis entre deux béliers. La tête, qui manque dans les cinq exemplaires, peut être restituée à l'aide de la terre cuite trouvée près de Tortose.

Mises sur pierre, à l'aide de photographies, par M. Régamey.

Planche XXVI.

# TERRES CUITES PHÉNICIENNES

---

N° 1. — Femme debout, vêtue d'une longue tunique par-dessus laquelle est posé un péplus coloré en rouge qui s'attache sur l'épaule gauche, et passe sous le bras droit, formant par devant et par derrière des plis très-élégamment arrangés. Elle est chaussée de souliers rouges pointus. Quatre tresses symétriquement disposées descendent sur sa poitrine ; une grande masse de cheveux ondés horizontalement et se terminant carrément tombe sur son dos. Les deux bras s'étendent le long du corps, le pouce de chaque main rapproché de l'index. Toute la figure affecte la forme de gaîne ; elle est creuse et estampée dans un moule à deux pièces.

Terre cuite. Hauteur, 0 m., 235.

N° 2. — Femme debout, vêtue d'une tunique à manches courtes, longue et traînante par derrière. De la main droite elle soutient cette robe, qui est en partie recouverte par un péplus très-soigneusement drapé. Les pieds sont nus. De la main gauche elle tient appliquée contre son sein une colombe. Ses cheveux, séparés sur le front, tombent sur la poitrine en quatre nattes, et sur le dos en une large masse de onze tresses. Au sommet de la tête s'élève un calathus formant orifice de vase. La figurine est creuse et estampée ainsi que sa base dans un moule à deux pièces.

Terre cuite. Hauteur, 0 m., 26.

Les deux statuettes, trouvées dans le voisinage de Tortose (Phénicie), ont été acquises de M. Péretié en 1860. Elles peuvent être considérées comme des prototypes de la Vénus des Grecs.

Mises sur pierre, à l'aide de photographies, par M. Régamey.

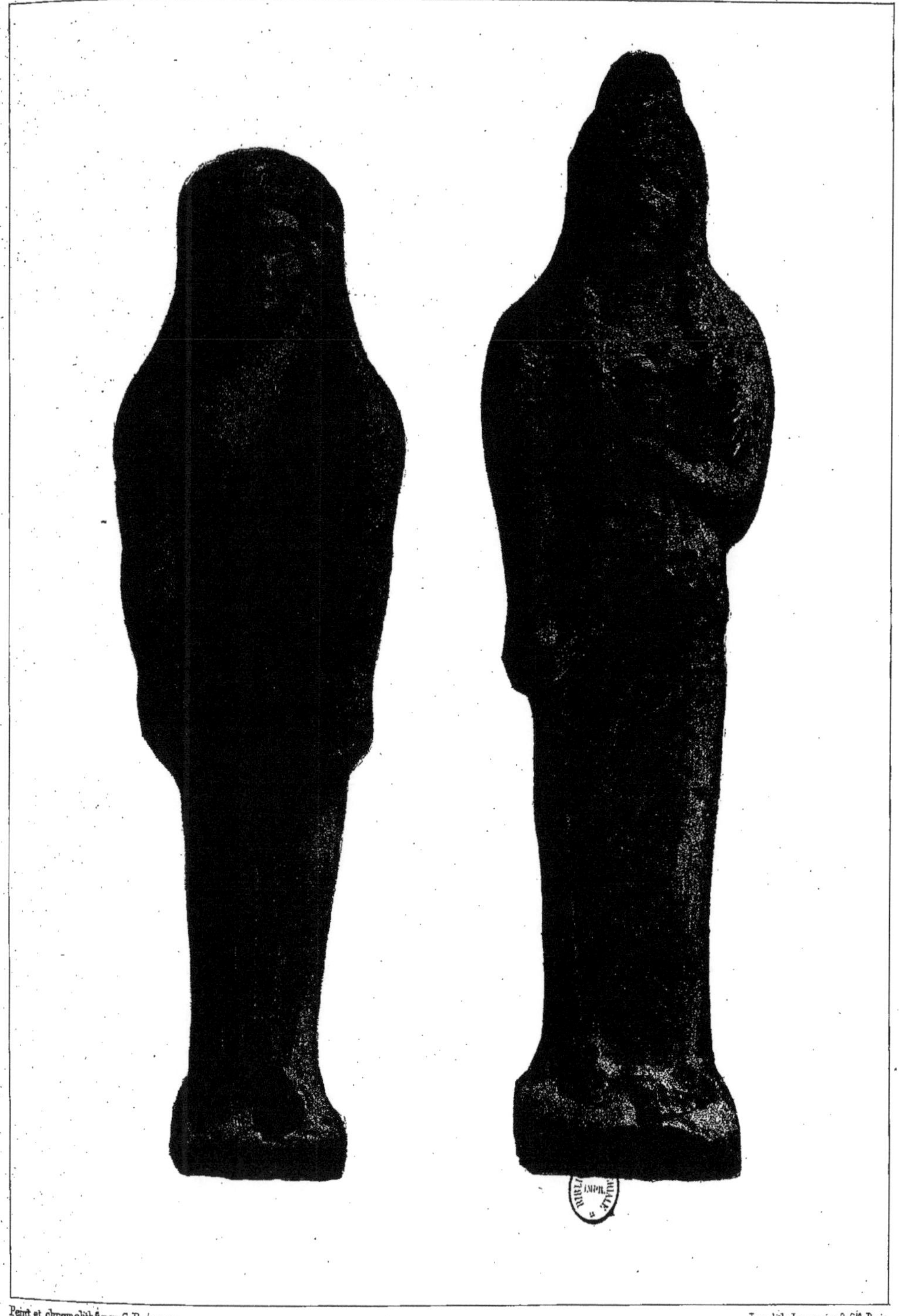

Peint et chromolith.e par G. Regamey. Imp. lith. Lemercier & Cie Paris

TERRES CUITES PHÉNICIENNES.

Planche VII.

# BAS-RELIEFS DE SARDANAPALE III

---

N° 1. — Le roi d'Assyrie debout, tourné à droite, barbu, l'oreille ornée d'un pendant, coiffé d'une tiare ovoïdale munie de deux paires de cornes de taureau. A ses épaules sont fixées quatre grandes ailes, deux desquelles se déploient en haut, tandis que les deux autres s'abaissent[1]. Il est vêtu d'une courte tunique, en partie recouverte par une longue *stola* bordée de franges qui passe sur l'épaule gauche, et s'ouvre par devant. La ceinture soutient une paire de poignards ; les bras et les poignets sont décorés de bracelets ciselés, les pieds chaussés de sandales. Sardanapale tient de la main droite élevée une pomme de pin, et de la gauche un vase à anse mobile. Une inscription, composée de vingt-six lignes de caractères cunéiformes du système assyrien, occupe le centre du bas-relief, qu'elle traverse dans toute sa largeur.

Albâtre. — Hauteur, 2m.,30. — Largeur, 1m.,50.

N° 2. — Personnage à tête de percnoptère (aigle blanc et noir, très-reconnaissable à la crête de plumes qui surmonte le crâne, et aux caroncules dont le bec est recouvert à sa naissance). Les cheveux sont disposés en mèches comme une crinière, et le cou est entouré d'un collier. Ce personnage, tourné vers la gauche, est vêtu d'une courte tunique et d'une *stola* à franges ; ses pieds sont nus, ses épaules munies de deux ailes ; de la main droite il tient un cône de pin, de la gauche un vase à anse. Devant lui s'élève un arbre sacré dont les rameaux entrelacés portent des feuillages disposés en forme de palmettes à pétales décorés de chevrons. Le bas-relief, actuellement incomplet, comprenait un second personnage ailé à tête d'aigle, placé de l'autre côté de l'arbre. Le parallélisme de ces figures est un fait bien connu (voyez Layard, *The mon. of Nineveh,* pl. 6 à 9, 25, 47, 49.)

Albâtre. — Hauteur, 1m.,04. — Largeur, 0m.,88.

1. La disposition de ces ailes aide à comprendre comment les artistes employés par Salomon avaient conçu les figures de Chéroubs du temple de Jérusalem.

Ces deux bas-reliefs, recueillis à Némrôd, ont été donnés au Musée en 1865, par M. Pacifique Delaporte, consul général de France.

Sardanapale III (*Asur-nasir-habal*), dont les images ont été retrouvées en assez grand nombre dans les ruines de Némrôd, à environ 30 kilomètres au sud de Ninive (on pense que c'est là qu'était située l'antique Calach), était fils de Téglathphalasar, et a régné, suivant le calcul chronologique de M. Oppert, de 930 à 905 avant notre ère [1]. L'inscription (incomplète à ses deux extrémités) que porte le bas-relief du Louvre et qui, suivant un usage commun sous ce règne, s'étend sur les parties sculptées, appartient à ce grand texte dont M. Oppert a publié la traduction en faisant usage des diverses copies reproduites sur les monuments [2].

On s'accorde à considérer le personnage à tête d'aigle comme une représentation du dieu Nisrok, dans le temple duquel, suivant divers témoignages bibliques, le roi Sennacherib fut tué par ses fils [3]. Ce dieu est mentionné dans la grande inscription de Sardanapale.

Les chevrons gravés en creux sur le tronc et les feuillages de l'arbre sacré, aussi bien que sur les cornes de taureau qui décorent la tiare royale, forment un des motifs d'ornementation caractéristiques du règne d'Asur-nasir-habal.

La planche a été dessinée d'après les originaux à l'aide de photographies et gravée par M. Alexandre Soudain.

1. Cette donnée s'appuie sur la mention d'une éclipse dans une inscription de Sardanapale. *Revue archéologique*, 1868, t. XVIII, p. 314, 320.

2. *Expédition scientifique en Mésopotamie*, tome I, 1863, page 311. — *Histoire des empires de Chaldée et d'Assyrie d'après les monuments*, 1865, page 73.

3. IV *Reg.* XIX, 37. — *Isaiæ* XXXVII, 38.

---

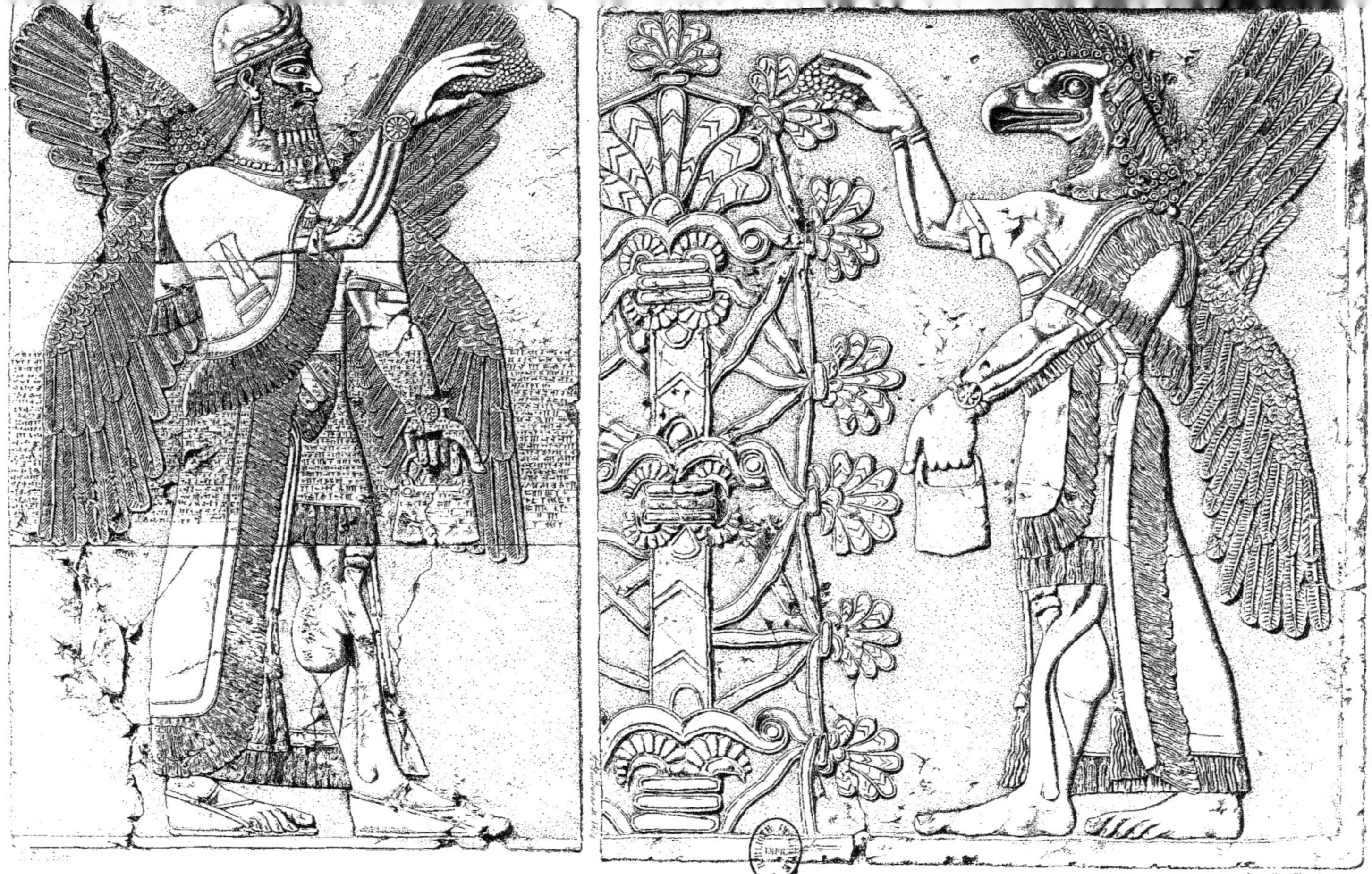

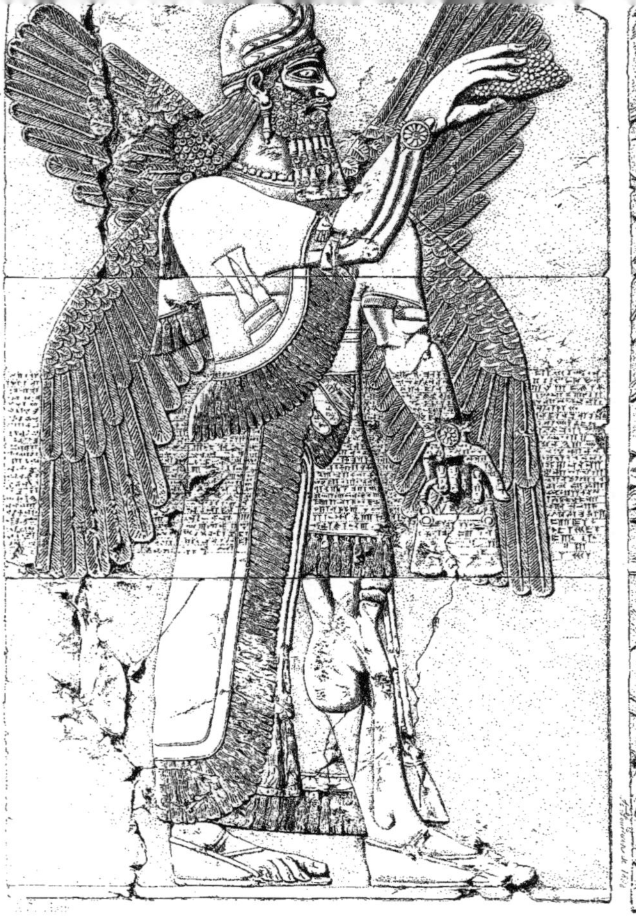

Imp. Ch. Chardon aîné

BAS-RELIEFS ASSYRIENS. RÈGNE DE SARDANAPALE III

Planche LIII.

# PLATS DE CAMIRUS

N° 1. — Coupe plate de terre rouge pâle. L'intérieur, enduit d'une couverte jaune, est décoré de figures peintes en rouge et en noir. Dans le plus grand segment, la Chimère, composée d'un corps de lion sur les reins duquel est entée une tête de chèvre, et dont un serpent forme la queue. Ce qui répond complétement à l'indication homérique :

Πρόσθε λεων, ὄπιθεν δε δράκων, μεσση δὲ Χίμαιρα.
Δεινὸν ἀποπνείουσα πυρὸς μένος αἰθομένοιο [1].

D'autant plus que, conformément au texte grec, l'artiste a exprimé les flammes qui sortent de la gueule ou des naseaux des trois animaux. Cette circonstance importante pour l'étude du mythe de la Chimère et que nous retrouvons dans la *Théogonie* d'Hésiode :

Ἡ δὲ Χίμαιραν ἔτικτε, πνέουσαν ἀμαιμάκετον πῦρ [2].

a été omise par les graveurs de médailles grecques.

L'animal symbolique repose sur un large bandeau décoré d'une tresse. Dans le segment inférieur, on voit un grand poisson nageant vers la droite, et au-dessous une fleur. Ce poisson paraît être un espadon, ξιφίας, plutôt qu'un individu du genre des pélamides. On ne retrouve pas ici les dimensions relatives données aux pélamides sur les nombreuses et célèbres monnaies d'or de Cyzique; et il faut remarquer que les anciens avaient fort bien étudié les caractères du ξιφίας (Ælian., *De Nat. animal.*, XIV, 23).

Diamètre, 0 m., 330. Acquis en 1863.

N° 2. — Autre coupe plate un peu plus grande que la précédente. Même matière et même style. Dans le grand segment, taureau marchant vers la droite en retournant

1. *Iliad.*, VI, 181.
2. *Theogon.*, 319.

la tête; il est, sauf la tête, entièrement peint en brun. Le bouquet de poils qui termine sa queue est divisé en deux masses. C'est une particularité qu'offre aussi la représentation du fleuve en forme de taureau androcéphale qui se voit sur le didrachme de Rhégium frappé au VIe siècle avant notre ère (*Revue numismatique*, 1866, t. XI, p. 265), et qui pourrait peut-être expliquer comment les Grecs entendaient le passage dans lequel Hérodote, décrivant le bœuf Apis, dit : Ἐν δὲ τῇ οὐρῇ τὰς τρίχας διπλέας (lib. III, 28, 3).

Le taureau qui vraisemblablement est l'image d'un fleuve, comme celui qui sert de type aux monnaies de Siris, de Pyxus, de Sybaris, de Pandosia, de Géla, est porté sur un bandeau chargé d'une grecque exprimant sans doute des flots. C'est ainsi que, sur les monnaies de Magnésie d'Ionie et d'Antioche de Carie, le fleuve Méandre se montre sous la forme d'un taureau placé au-dessus d'une grecque, symbole d'un cours tortueux.

Le segment inférieur est orné de longs pétales d'astéroïde disposés par groupes de trois alternant avec un pétale blanc.

Diamètre, 0 m., 367. Acquis en 1863.

Le champ des deux plats est semé de rosaces, de losanges, de croix, de façon à remplir les vides. Le rebord porte, comme les vases figurés dans la planche LII, des groupes de fines rayures brunes assez régulièrement espacés.

Mis en couleur sur pierre, à l'aide de photographies, par M. Régamey.

---

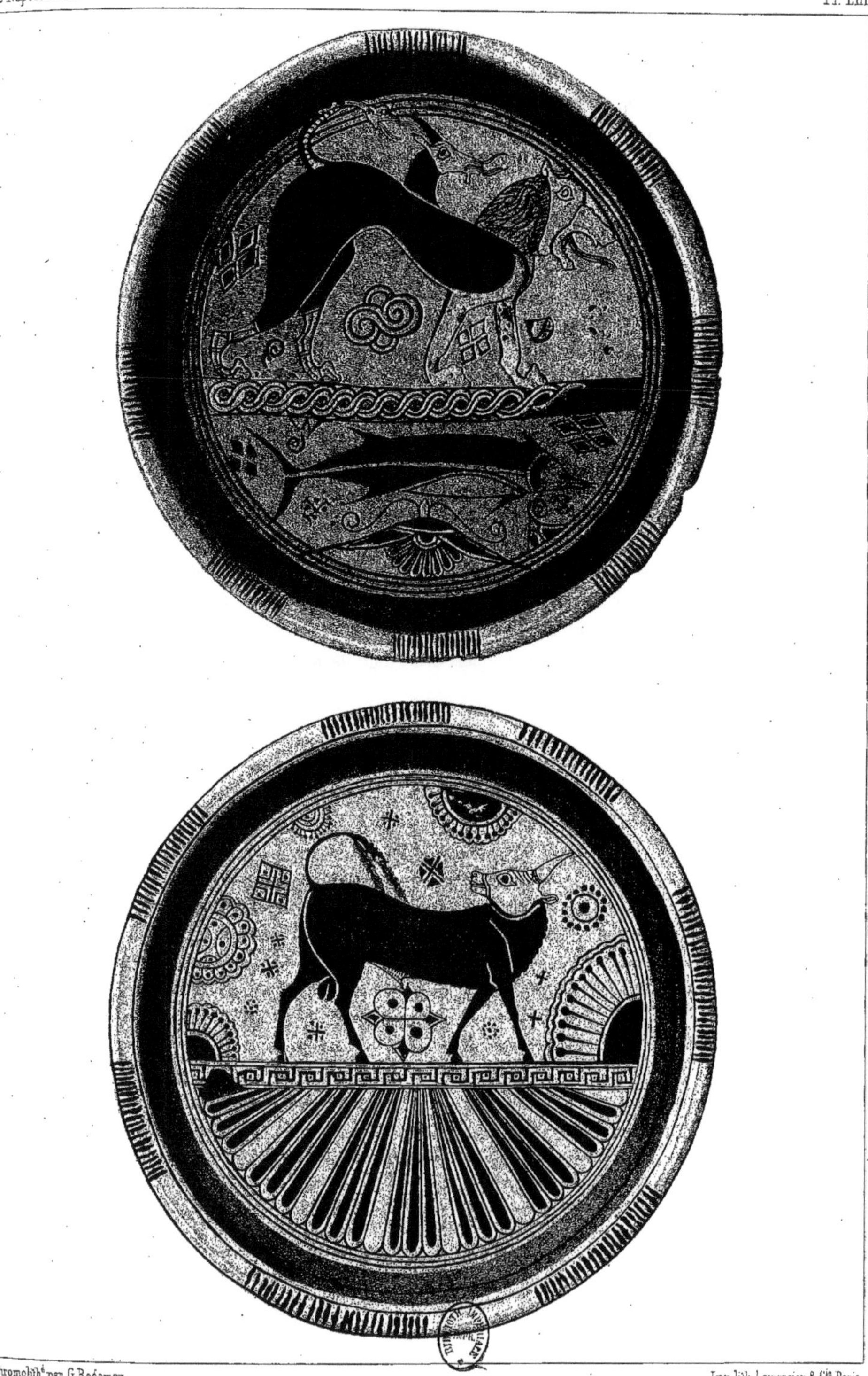

Peint et chromolith. par G. Regamey. Imp. lith. Lemercier & Cie Paris

PLATS DE CAMIRUS.

PLANCHE XXXIII.

# VASE D'AMATHONTE — CHAPITEAUX CYPRIOTES

N° 1. — Vase d'Amathonte. Grand vaisseau à panse sphéroïdale déprimée, avec une petite base et un col très-bas entourant une ouverture circulaire. Quatre fausses anses prises dans la masse s'élèvent verticalement sur le tiers supérieur de la panse, et sont régulièrement espacées. Ces anses, uniformément décorées d'une moulure, reposent sur deux palmettes et forment arcade au-dessus d'un taureau tourné vers la droite (n° 2). Les têtes des quatre taureaux ont été mutilées, évidemment avec intention.

Calcaire poreux. — Hauteur, 1 m., 85. — Diamètre, 3 m., 20.

Ce monument, apporté en France par les soins de MM. les ministres des affaires étrangères et de la marine, et qui a été placé au Louvre le 15 juillet 1866, n'était pas isolé sur la montagne où vraisemblablement il avait été taillé. Un second vase, plus haut d'environ 40 centimètres, plus étroit vers sa base et muni de quatre anses décorées seulement d'une moulure annulaire, était posé tout à côté. La ligne supérieure des deux vases était de niveau, le rocher sur lequel ils étaient établis ayant été taillé de façon que le moins grand des deux vaisseaux se trouvait sur une petite éminence encore exhaussée par un calage de grosses pierres.

Le plus grand vase est tellement fracturé et endommagé par le temps qu'on a cru devoir le laisser en sa place primitive, où il pourra fournir une indication aux archéologues.

Lorsqu'Ali Bey visitait l'île de Chypre, il y a soixante ans, le vase qui a été apporté au Louvre était presque complétement enfoui. Cependant le voyageur en dessina la partie supérieure, y compris une des anses, et releva une fort bonne coupe de l'intérieur[1]; il observa en outre que les quatre anses répondaient aux points cardinaux, et si on n'oublie pas qu'elles sont décorées de figures de taureaux, on sera

1. *Voyage d'Ali Bey el Abbassi en Afrique et en Asie pendant les années 1803-1807.* Paris 1814, in-8°, t. II p. 146 et suiv. Ce fut à la fin du mois d'avril de 1806 que le voyageur visita le site d'Amathonte, à une lieue, au levant de Limassol. Voir le dessin, *Atlas*, pl. XXXVII, n° 2.

frappé du rapport que présente cette orientation avec celle des taureaux qui ornaient la *mer d'airain,* dans le temple de Jérusalem [1], immense *lébès* dont le vase d'Amathonte, malgré ses grandes dimensions, n'est que le congénère fort réduit.

Les taureaux du vase d'Amathonte offrent une analogie marquée avec l'animal gravé sur les belles monnaies d'argent cypriotes (l'une d'elles est reproduite dans la planche XXXIII, n° 3) que M. le duc de Luynes a attribuées à Salamine, pièces que le savant académicien pensait avoir été émises vers l'an 500 [2].

N° 4. — Chapiteau uniface recueilli par M. Edmond Duthoit à Athieno (l'antique Golgos, à la pointe orientale de l'île). Il se compose de deux volutes appuyées sur un chevron central, au-dessus desquelles s'élèvent des tiges plates, courbes, terminées par des volutes et renfermant au centre une plante. Le couronnement, composé de trois petits étages à refends, simule la tranche d'un abaque. Au centre du chevron inférieur on voit un globe surmonté du croissant renversé.

Calcaire fin. — Hauteur, 1 m., 05. — Largeur, 1 m., 18. — Épaisseur, 0 m., 19.

Un second chapiteau très-mutilé, trouvé avec celui qui vient d'être décrit, offre parmi les ornements un peu plus compliqués qui couvrent sa surface trois palmettes semblables à celles qui décorent les anses du vase d'Amathonte. Ces chapiteaux, qui ont surmonté des pilastres en applique, doivent être comparés aux représentations de la plante sacrée qui sont gravées sur l'une des coupes de Larnaca (voyez pl. X) et dans un des bas-reliefs phéniciens de Rouad (pl. XVIII) [3].

N° 5. — Chapiteau sculpté sur ses deux faces. Simplification du précédent; les volutes, dont les filets extérieurs, en s'entrecoupant, se confondent avec le chevron central, supportent directement l'abaque. Le globe et le croissant renversé sont transportés au-dessus de ce chevron. (Voir, au sujet de ce symbole phénicien, ce qui a été dit à propos des monuments figurés dans la planche XVIII.)

Calcaire. — Hauteur, 0 m., 75. — Largeur, 1 m., 22. — Épaisseur, 0 m., 30.

Ce dernier a été recueilli par MM. de Vogüé et E. Duthoit au milieu d'un champ, près d'une église latine située à Trapeza, à quelques kilomètres de Famagouste et des ruines de Salamine.

La planche XXXIII a été gravée, à l'aide de photographies, par M. Alexandre Soudain.

1. III *Reg.*, VII, 25. — II *Paralip.*, IV, 4. Les palmettes qui simulent les plaques d'attache des anses montrent que le vase d'Amathonte appartient à l'époque à laquelle on copiait en pierre et en terre cuite les vases de bronze.

2. *Numismatique et inscriptions cypriotes*, 1852, pl. III, 1 à 12, p. 19.

3. Les volutes associées aux chevrons et les boutons de fleurs se retrouvent dans une plaque d'ivoire de travail phénicien recueillie à Némrôd. Layard, *The monum. of Nineveh*, pl. 90.

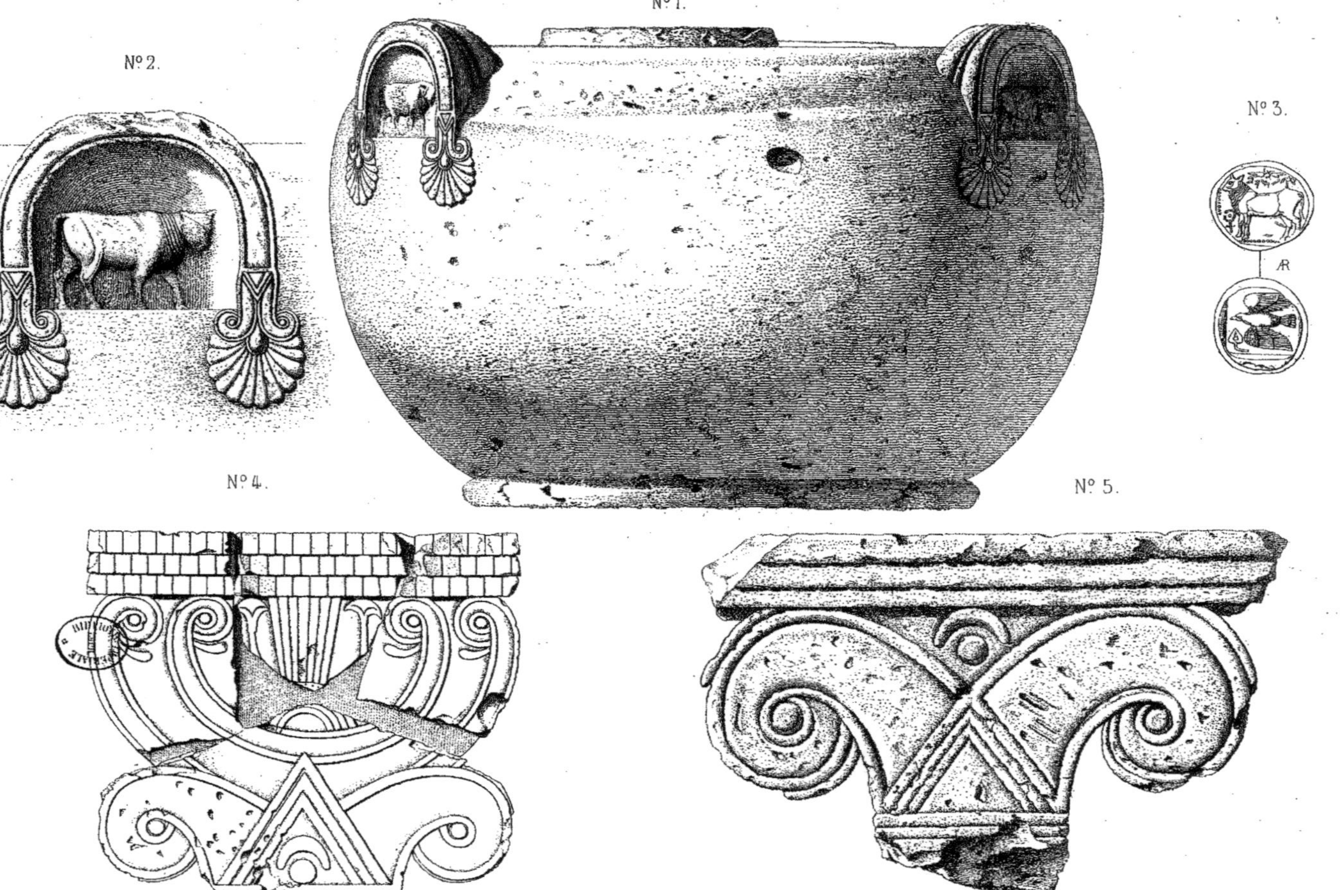


Soudain del. et sc. — Imp. Ch. Chardon aîné, Paris

VASE D'AMATHONTE. CHAPITEAUX CYPRIOTES

# MUSÉE

# NAPOLÉON III

## CHOIX DE MONUMENTS ANTIQUES

POUR SERVIR A L'HISTOIRE DE L'ART

EN ORIENT ET EN OCCIDENT

---

TEXTE EXPLICATIF

PAR

ADRIEN DE LONGPÉRIER

MEMBRE DE L'INSTITUT

CONSERVATEUR DES ANTIQUES DES MUSÉES IMPÉRIAUX

**Livraisons 22, 23, 24**

DIVINITÉ PHÉNICIENNE
*Lithographies en couleur.* — Texte et planche XIX.

SARCOPHAGES PHÉNICIENS, TOMBEAU D'ESCHMOUNAZAR
*Gravures sur acier.* — Texte et planche XVI.

TERRES CUITES PHÉNICIENNES
*Lithographies en couleur.* — Texte et planche XXIII.

DEUX AMPHORES
*Lithochromies.* — Texte et planche LIX.

PARIS

L. GUÉRIN ET C^ie^, ÉDITEURS, RUE BONAPARTE, 5

DÉPOT ET VENTE A LA LIBRAIRIE

THÉODORE MORGAND, RUE BONAPARTE, 5

Planche XIX.

# DIVINITÉ PHÉNICIENNE

N° 1. — Personnage trapu, nain, barbu. Il est debout et ses mains reposent sur ses cuisses arquées. Une peau de lion couvre ses épaules et la dépouille des pattes antérieures tombe sur la poitrine, laquelle est ornée d'un masque de lion suspendu à un cordon. Le ventre proéminent est soutenu par une ceinture en forme de courroie étroite. La bouche ouverte, avec une langue pendante, est entourée d'une large barbe disposée en mèches terminées par des spirales, conformément au système qui se remarque dans les sculptures assyriennes. Des yeux d'émail devaient remplir les orbites actuellement vides. La figure est creuse et adossée à un pied-droit entièrement lisse. On remarque sur le visage et sur les bras des traces de couleur d'un rouge foncé.

Terre blanche. — Hauteur, 0 m., 202.

N° 2. — Autre de style moins ancien; il est nu et debout sur une base quadrilatère en forme de pyramide tronquée. Un grand voile posé sur le sommet de sa tête, et dont le bord est orné de trois petits disques, retombe sur les épaules et sur le dos en faisant de nombreux plis. Le bras droit, qui est brisé, tenait une arme; le bras gauche soutient un bouclier à umbo saillant.

La partie supérieure de la coiffure est brisée. En examinant la cassure, on peut supposer que la tête était ornée d'une rangée de plumes.

Terre rouge. — Hauteur, 0 m., 185.

N° 3. — Autre entièrement nu. Sa tête est surmontée d'une coiffure carrée sur le devant de laquelle se voit un disque en relief. Les mains s'appuient sur les cuisses. Cette figurine, qui est creuse et n'est pas modelée par derrière, a été peinte. Il subsiste sur la chevelure, la barbe et le devant du corps, des traces de couleur jaune; le visage, les bras, les pieds ont été teintés en rouge.

Terre rouge pâle. — Hauteur, 0 m., 20.

Ces trois statuettes, découvertes dans le voisinage de Tortose, ont été achetées de M. Peretié en 1860. Leur provenance phénicienne nous apporte un renseignement précieux au sujet de l'origine du dieu qu'elles représentent. Hérodote avait comparé le dieu Phtah ("Ηφαιστος) de Memphis à un pygmée et au Patæque dont les Phéniciens plaçaient la figure sur la proue de leurs galères [1]. La vérité de cette assertion se trouve attestée par les monnaies d'argent de fabrique phénicienne, sur lesquelles on voit un grand navire dont la proue porte une figure de nain difforme analogue pour la pose et les proportions à celles de Phtah [2]. Les terres cuites de Tortose auxquelles on peut attribuer le nom de Patæque reproduisent un type bien connu en Égypte, où il est affecté à ce dieu qui est nommé *Bès* sur des bas-reliefs de basse époque. M. de Rougé, par suite de nouvelles études sur le dieu Bès, a été amené à croire qu'il est d'origine asiatique, et qu'il peut appartenir à l'Arabie septentrionale. Il faut remarquer que la tête barbue surmontée de plumes est gravée sur une monnaie phénicienne d'argent de style fort ancien (VIe siècle) [3]. Elle se voit aussi, au revers d'une tête de Minerve, sur de très-petites monnaies d'argent déterrées, dit-on, à *Saleh-hedjer*, dans le Hedjaz, pièces qui appartiennent à l'époque ou le numéraire de l'Attique était imité dans l'Asie occidentale [4].

Le dieu en pied, la tête couronnée de plumes, est représenté sur des monnaies phéniciennes d'argent et de bronze que l'abbé Barthélemy avait d'abord classées instinctivement à l'une des îles Baléares [5], opinion qui plus tard a été reprise, confirmée et rectifiée par M. le général Alberto della Marmora [6], par M. de Saulcy [7], et par M. C. von Bose [8].

En 1852, M. Victor Place a recueilli dans les fondations du palais assyrien de Khorsabad, construit au VIIIe siècle, une très-petite figurine de pâte verdâtre, semblable à la terre cuite n° 1 de la planche XIX. Elle était mêlée à divers autres objets parmi lesquels on remarque plusieurs pierres gravées phéniciennes.

Les statuettes n[os] 2 et 3 ne sont pas, comme la première, d'argile blanche; elles ont été modelées avec une terre ferrugineuse tout à fait semblable à celle qui a été employée pour fabriquer les autres figures trouvées à Tortose et qui sont représentées dans les planches XX et XXIII à XXVI.

Le voile donné à la statuette n° 2 constitue évidemment un symbole dont il

1. *Histor.*, III, 37.

2. Voir la description des figures de Phtah donnée par M. de Rougé, *Notice sommaire des monuments égyptiens du Louvre*, 1855, p. 105, et celle du dieu Bès, p. 117.

3. Duc de Luynes, *Choix de médailles grecques*, 1840, in-f°, pl. XII, n° 3.

4. Dr Schledehaus, *Typhon auf altgriechischen Autonom-Münzen* dans les *Münzstudien* de Grote, 1859, p. 484, pl. 31, n[os] 1 à 5.

5. Lettre à M. l'abbé Audibert publiée par ce dernier dans sa *Dissertation sur les origines de Toulouse*. Avignon, 1764, in-8°, p. 14.

6. *Saggio sopra alcune monete fenicie delle isole Baleari*. Torino, 1834, in-4°, dans les *Mem. della R. Accad.* t. XXVIII, p. 107.

7. *Recherches sur la numismatique punique* (1843), dans les *Mém. de l'Acad. des inscript.*, t. XV, 2e partie, p. 177 et 188.

8. *Die Münzen der balearischen Inseln, mit besonderer Rückseit auf Ebusus*, 1844, dans le *Zeitschr. für Münzkunde* de Kœhne, t. IV, p. 129-160 et 257-296.

devra être tenu compte dans l'étude d'un mythe auquel l'Égypte a fait, en se l'appropriant, subir des modifications conformes à ses idées religieuses.

Le beau scarabée phénicien de jaspe vert que possède le Musée représente le dieu trapu, à la tête surmontée de plumes, tenant suspendu de la main droite un sanglier et portant un lion sur ses épaules, comme le personnage de petite taille gravé sur une des coupes d'argent de Larnaca[1] (voyez pl. XI).

D'autres scarabées phéniciens du même jaspe de provenance asiatique, trouvés dans la nécropole de Tharros en Sardaigne, offrent l'image du dieu luttant, tantôt contre deux lions lorsqu'il est de face (il peut y avoir là une raison de symétrie), tantôt contre un seul de ces animaux, qu'il frappe avec son poignard[2].

Enfin sur un cylindre de cornaline rouge conservé au British Museum, on voit, accompagné d'une inscription cunéiforme du système perse et de l'époque des Achéménides, commençant par le nom d'Arsace, le même dieu nain, à la tête couronnée de plumes, tenant de chaque main une fleur de lotus; il est placé de face, entre deux personnages debout, et au-dessous d'un disque muni de longues ailes[3].

La planche XIX a été mise sur pierre, d'après les monuments originaux, par M. Régamey.

1. *Notice des antiquités assyriennes du Louvre*, 3e édit., 1854, no 501. Voir la note relative au scarabée phénicien représentant le même personnage et décrit sous le no 591.

2. Alb. della Marmora, *Memorie sopra alcune antichità sarde*. Torino, 1853 (dans les *Mem. della R. Accad. delle scienze*, IIe série, t. XIV), planche B, nos 69 à 73.

3. Layard, *Discoveries in the ruins of Nineveh*, 1853, p. 607. — Au sujet de l'inscription, voir J. Oppert, *Les inscriptions des Achéménides*, 1851, p. 305.

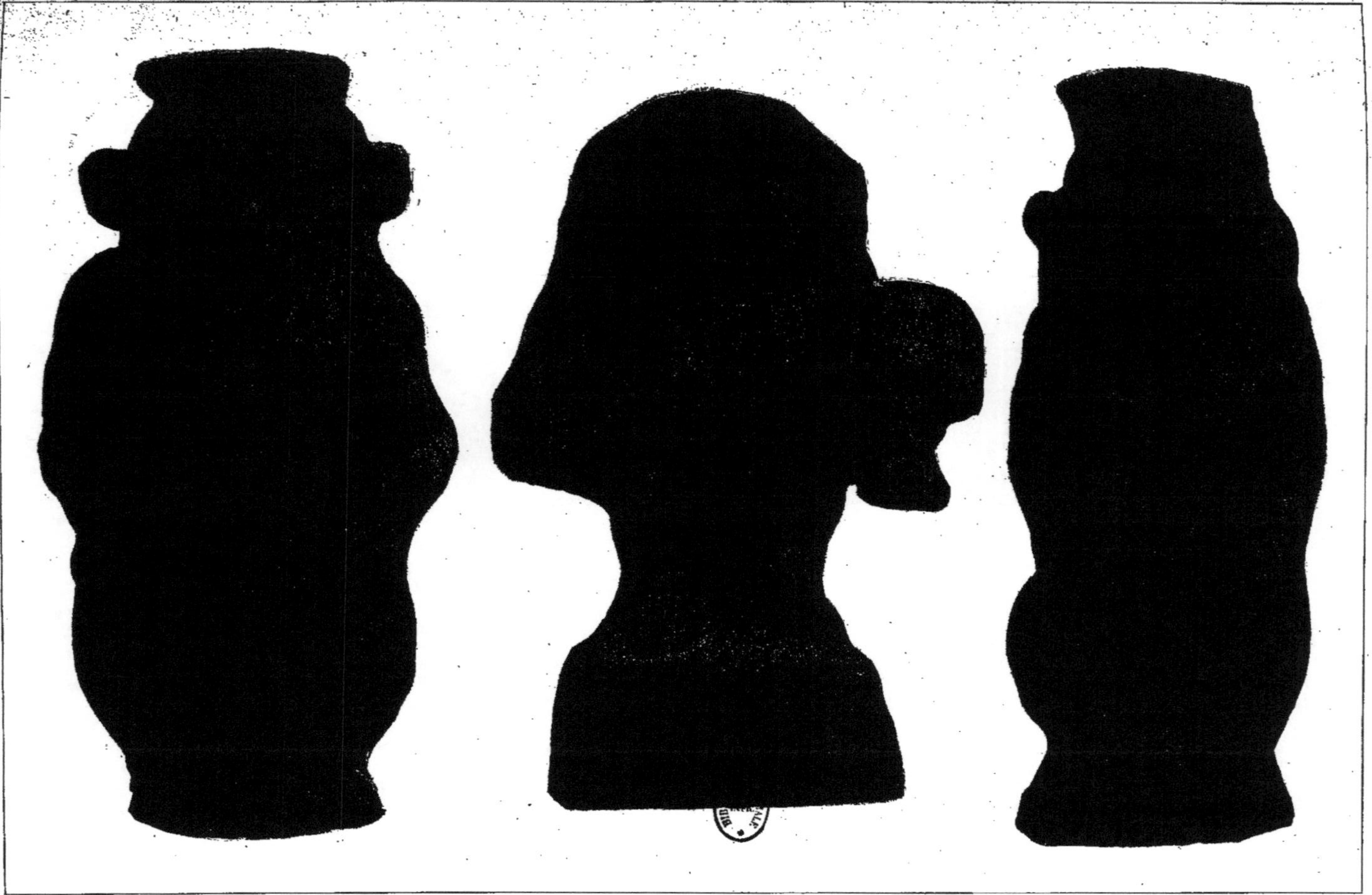

Peint et chromolith.e par G. Regamey. Imp. lith. Lemercier & Cie Paris

DIVINITÉ PHÉNICIENNE.

Planche XVI.

# SARCOPHAGES DE SIDON

## TOMBEAU D'ESCHMOUNAZAR, ROI DES SIDONIENS

---

N° 1. — Sarcophage en forme de gaîne extrêmement large, composé d'une cuve profonde, arrondie du côté de la tête, faisant deux saillies à la hauteur des épaules; et d'un couvercle présentant une tête d'homme barbu, coiffé à l'égyptienne, avec grand pectoral décoré de deux têtes d'épervier. Ce couvercle se relève vers les pieds. Toute la surface, au-dessous du pectoral, paraît avoir été retaillée pour faire disparaître le texte hiéroglyphique qui y avait été primitivement gravé (voir Wilkinson, *Manners and customs of the ancient Egyptians*, second series, t. III, pl. 24[A], n° 5), et on y a tracé en très-beaux caractères une inscription phénicienne de vingt-deux lignes commençant par ces mots :

𐤁𐤉𐤓𐤇𐤁𐤋𐤁𐤔𐤍𐤕𐤏𐤎𐤓𐤅𐤀𐤓𐤁𐤏 𐤗𐤖𐤖𐤖𐤖 𐤋𐤌𐤋𐤊𐤉𐤌𐤋𐤊𐤀𐤔𐤌𐤍𐤏𐤆𐤓
𐤌𐤋𐤊𐤑𐤃𐤍𐤌𐤁𐤍𐤌𐤋𐤊𐤕𐤁𐤍𐤕𐤌𐤋𐤊𐤑𐤃𐤍𐤌

dont voici la transcription en caractères hébraïques :

בירח בל בשנת עסר וערבע ⌐ IIII למלכי מלך אשמנעזר
מלך צדנם בן מלך תבנת מלך צדנם

« Au mois de Boul, en l'année quatorzième, xive, de mon règne; le roi Eschmounazar, roi des Sidoniens, fils du roi Tabnith, roi des Sidoniens, etc. »

A l'extrémité circulaire de la cuve, se lit une autre inscription de sept lignes reproduisant, avec des corrections, le contenu des treize premières lignes du couvercle.

Sur le côté droit, on voit les deux caractères 𐤁𐤍, בן. Un couvercle de sarcophage trouvé à Gébaïl (Byblos) et donné au Musée par M. E. Guillaume-Rey porte au côté gauche de la tête un 𐤀 *aleph*.

Basalte. — Longueur, 2 m., 515. — Largeur, 1 m., 275.

Le 20 février 1855, M. Péretié, chancelier du consulat de France à Beirouth, découvrit, à vingt-cinq minutes de marche au sud de l'ancienne Sidon, le cercueil qui vient d'être décrit, et dont la place était creusée dans le roc vif. Il en avertit M. le duc de Luynes, qui s'empressa d'acquérir le monument, moyennant une somme très-considérable, et d'en faire don au Musée. Grâce aux officiers et à l'équipage de la corvette de guerre *la Sérieuse,* le pesant sarcophage, portant le plus long texte phénicien qu'on eût encore découvert, put être embarqué et apporté en France, où il arriva en 1856. En attendant, l'éminent et généreux donateur avait lu à la séance publique de l'Académie des inscriptions et belles-lettres, le 14 août 1855, une traduction et un commentaire de l'épitaphe du roi Eschmounazar, travail qui fait le plus grand honneur à sa sagacité, qui a été imprimé deux fois [1], et qui a servi de base à de nombreuses dissertations.

Il suffit d'indiquer ici sommairement les articles publiés en Allemagne par MM. Rœdiger, Dietrich, Hitzig, Ewald, A. Levy, Schlottmann, E. Meier, et même en Amérique, par MM. E. E. Salisbury et William W. Turner ; mais il convient de renvoyer à l'excellent *Essai sur l'Inscription phénicienne du sarcophage d'Eschmoun'-ézer, roi de Sidon,* imprimé par S. Munk dans le *Journal asiatique* [2].

M. le duc de Luynes, tenant compte à la fois des faits historiques et du style du monument, a été conduit à croire que le règne d'Eschmounazar devait se placer vers le temps où Nabuchodonosor attaqua Apriès, roi d'Égypte (574-572). M. Schlottmann, en dernier lieu, considère le roi des Sidoniens comme le chef des forces navales qui en 387 et 386 détruisirent la flotte lacédémonienne et vainquirent Evagoras près de Citium [3]. La première opinion s'accorde mieux avec l'aspect du sarcophage de basalte.

N° 2. — Sarcophage composé d'une cuve dont les arêtes inférieures sont à peine arrondies, et d'un couvercle bombé sur lequel est sculptée la tête du personnage mort, ceinte d'un diadème ; les cheveux retombent en arrière ; deux bandes d'étoffe descendent sur les épaules, elles portent encore des traces de coloration rouge qui indiquent que le sarcophage était peint. Vers les pieds, le couvercle se relève et forme une base carrée à l'extérieur de laquelle saillit un seul tenon.

Marbre blanc. — Longueur, 2 m., 25.

Ce beau monument, acquis en 1861, avait été trouvé en 1856 par M. Pérétié dans une nécropole souterraine, située près de Sayda, à *Moghara Tabloune,* et à quelques mètres seulement du lieu où fut découvert le tombeau d'Eschmounazar. La nécropole se composait d'une suite de chambres creusées dans le roc et communiquant entre elles. Deux sarcophages étaient sculptés ; les autres faits du même marbre blanc n'offraient aucun ornement et leur couvercle était taillé en forme de toit à double pente. Ces détails ont été consignés au moment où fut faite la trouvaille par

1. D'abord dans le compte rendu de la séance de l'Académie; puis sous le titre de *Mémoire sur le sarcophage et l'inscription funéraire d'Esmunazar, roi de Sidon.* Paris, 1856, in-4°.

2. 1856, v° série, t. VII, p. 273. — Voir aussi les savantes remarques consignées par M. J. Derenbourg dans le même recueil, 1856, v° série, t. VII, p. 260; et 1868, VI° série, t. XI, p. 87.

3. *Die Inschrift Eschmunazars Königs der Sidonier, geschichtlich und sprachlich erklært,* 1868, p. 35-79.

M. E. de Perthuis, qui avait pu remarquer la coloration des cheveux en rouge que des lavages postérieurs ont presque totalement fait disparaître.

Les deux sarcophages de Sayda ainsi que ceux qui sont gravés dans la planche XVII doivent être comparés à des monuments du même ordre qui ont été découverts en Sicile dans les années 1695 et 1725 et qui sont conservés au Musée de Palerme [1]. Ce sont des sculptures de bon travail, et l'un de ces cercueils était couvert de peintures. Les photographies nouvellement publiées permettent d'en étudier le caractère.

Un couvercle de sarcophage de style phénicien a été retrouvé dans l'ouest de la Corse, à Apricciani, près de Sagona. M. P. Mérimée nous en a fait connaître le dessin [2]; mais la destination de cette pierre assez grossièrement taillée a été signalée pour la première fois par un jeune et laborieux officier récemment enlevé à la science [3].

1. *Bullettino della commissione di antichità e belle arti in Sicilia.* Palerme, 1864, p. 1, pl. 1, n$^{os}$ 1-3.
2. *Notes d'un voyage en Corse,* 1840, p. 53 et planche annexée.
3. H. Aucapitaine, *Les Phéniciens en Corse,* dans la *Revue africaine,* Alger, 1862, p. 471 et planche annexée.

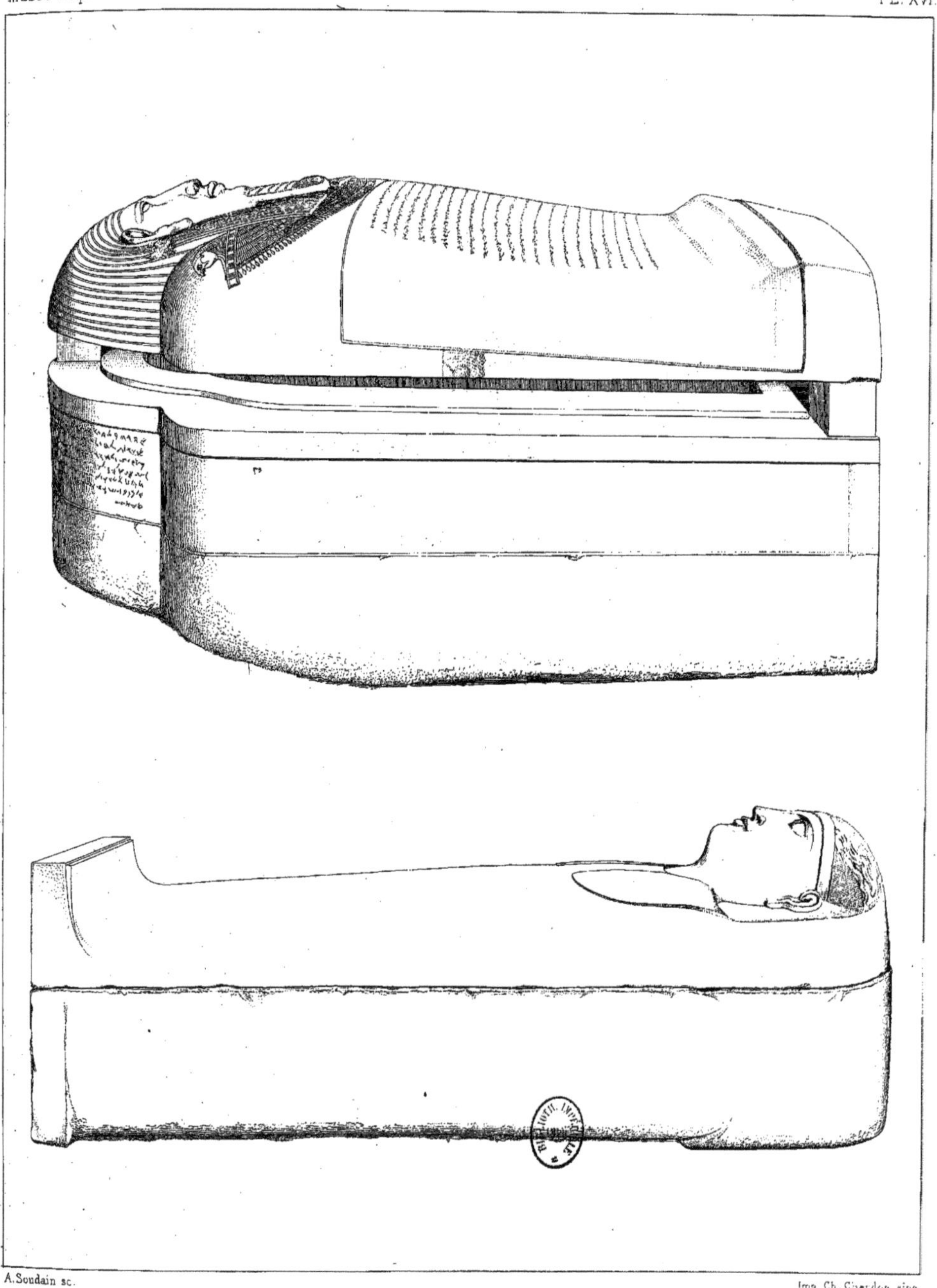

A. Soudain sc. Imp. Ch. Chardon aîné

SARCOPHAGES DE SIDON

## Planche XXIII.

# TERRES CUITES PHÉNICIENNES.

---

N° 1. — Homme âgé, barbu, debout, coiffé d'un bonnet conique sous lequel passent, entourant le front, deux rangées de petites boucles de cheveux. Il est vêtu d'une tunique à manches, descendant jusqu'aux pieds qui sont nus. Un pan de vêtement supérieur tombe sur le devant du corps. Le bras droit, orné d'un bracelet à plusieurs tours, tient une patère appliquée contre le torse. Le bras gauche est pendant. Cette figure, qui est pleine, n'est pas modelée par derrière. Elle a été rapportée de Beirouth, comme celle qui suit.

Terre cuite. Hauteur, 0 m., 288. Donné par M. de Saulcy en 1854.

N° 2. — Partie supérieure d'une figurine d'homme barbu, coiffé d'une sorte de tiare, vêtu d'un manteau qui passe sur l'épaule gauche et laisse le sein droit à découvert. Les deux bras tombent le long du corps. La figure est pleine et non modelée par derrière. Elle a été trouvée à Tyr.

Terre cuite. Hauteur, 0 m., 11. Acquis en 1852.

N° 3. — Vieillard barbu, assis sur un grand trône à dossier carré; ses oreilles sont ornées de pendants. Il est vêtu d'une longue tunique retenue par une ceinture qui forme un gros nœud sur le devant. Ses pieds reposent sur un hypopodium, et ses deux mains sont appuyées sur la tête de deux béliers dont les corps soutiennent les accoudoirs aux bras du trône.

Trouvé près de Tortose (côte de Phénicie) par M. Péretié.

Terre cuite. Hauteur, 0 m., 118. Acquis en 1860.

Cette dernière figurine devra être comparée à l'Ammon barbu, qui, sur les monnaies d'or de la Cyrénaïque, est représenté debout, tenant un sceptre et accompagné d'un bélier. (Ludv. Müller, *Numismatique de l'ancienne Afrique*, 1860, t. I, p. 50, n° 194.)

La collection asiatique du Louvre contient, parmi les monuments recueillis dans l'île de Chypre, cinq figures de pierre calcaire très-diverses de grandeur, représentant un personnage assis entre deux béliers. La tête, qui manque dans les cinq exemplaires, peut être restituée à l'aide de la terre cuite trouvée près de Tortose.

Mises sur pierre, à l'aide de photographies, par M. Régamey.

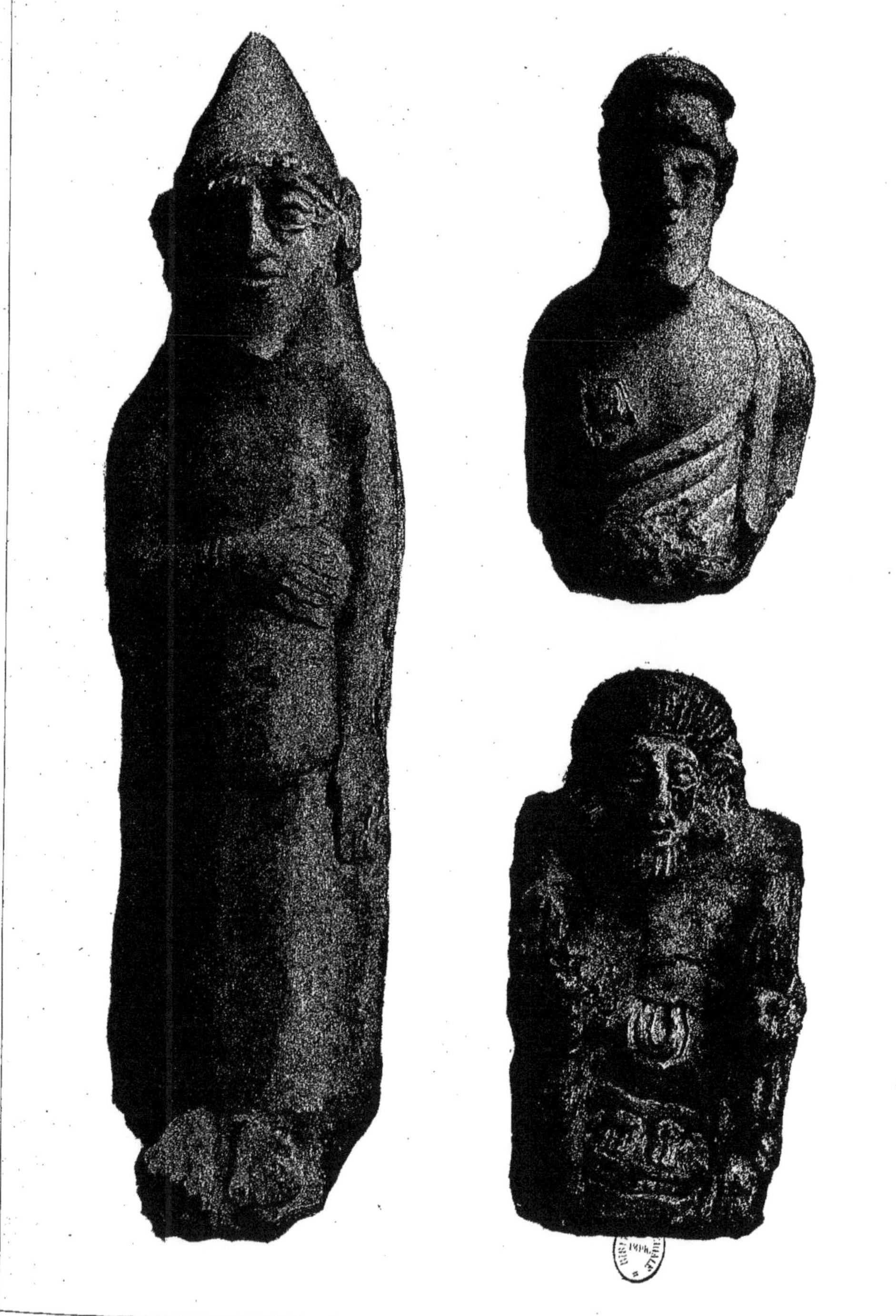

Peint et chromolith.é par G. Rogemey.

Imp. lith. Lemercier & Cie Paris

TERRES CUITES PHÉNICIENNES.

PLANCHE LIX.

# DEUX AMPHORES

---

N° 1. — Amphore de terre rouge enduite d'une couverte pâle, et décorée de figures et d'ornements appliqués en rouge-brun.

Sur chaque face de la panse, un homme à tête de lièvre dans l'attitude de la course. Le dessin en perspective de cette tête placée sur la déclive du vase en diminue les proportions réelles. Au-dessous des anses, des palmettes accompagnées de spirales. Sur le col, une grecque; et à sa base une zone de lignes courbes entre-croisées s'appuyant sur un rang de perles. Trouvée à Camirus par M. Auguste Salzmann. Acquise en 1863.

Hauteur, 0 m., 44.

La figure deux fois répétée sur ce vase doit être rapprochée du sujet gravé en creux sur le chaton d'une bague d'or, de style extrêmement ancien, qui est entrée au Louvre avec la collection Campana. Cet anneau, dont la provenance n'est pas constatée, offre un groupe représentant Hercule couvert de la dépouille du lion, armé de sa massue, saisissant par le cou un lièvre ailé [1] à jambes humaines qui fuit devant lui [2].

N° 2. — Amphore de terre rouge à couverte noire avec deux tableaux rouges chargés de figures noires retouchées à la pointe sèche. Première face. Homme à tête de lion, avec pieds de lion et queue de cheval. Il est agenouillé; ses reins sont entourés d'un subligaculum; il porte une cuirasse de métal jaune ornée de spirales sur les pectoraux.

Seconde face. Sirène à corps d'oiseau, avec tête de femme. Ses cheveux sont longs; son aile éployée est recoquillée.

1. Les ailes peuvent se rapporter au nom du lièvre αὖρος (Suidas) mis en relation avec le mot αὖρα, air. Mais on voit sur un vase à figures noires de fabrique très-antique un antagoniste d'Hercule, Géryon, muni de grandes ailes qu'il pouvait tenir de son père Chrysaor. Gerhard, *Auserlesene Vasenbild.*, t. II, pl. CV, n° 1.

2. Hercule poursuivant le centaure Nessus a près de lui un lièvre, dans une peinture qui décore une amphore de Vulci à figures noires. Voir à ce sujet la note de M. J. de Witte, *Descript. des antiquités du cabinet Durand*, p. 112, n° 321, — et la remarque de Th. Panofka sur l'étymologie du nom des centaures, *Annali dell' Inst. archeol.*, t. V, p. 285, rejetée par Gerhard. *Auserl. Vasenbild.*, t. II, p. 128, note 16.

Elle a des bras humains qui sont peints en blanc, ainsi que le visage, les pattes et la queue. Le bas de la panse est décoré de filets rouges et d'une rangée de dents ou d'oves de la même couleur. La provenance de ce vase, qui a été apporté d'Italie, n'est pas certaine. On suppose qu'il a été trouvé dans une des tombes de Ceri. Acquis en 1857.

Hauteur, 0 m., 335.

Ces deux amphores ont été réunies sur la même planche en raison de la nature des types qu'elles offrent. Les monuments recueillis en Occident ou dans les pays de civilisation grecque représentent assez fréquemment des animaux symboliques à tête humaine suivant le mode asiatique; mais les personnages à tête d'animal sont, à l'exception du minotaure, dont il nous reste un grand nombre d'images, extrêmement rares [1].

En Assyrie et en Babylonie on connaît le dieu à tête d'aigle (voyez pl. VII), et un personnage à tête de lion, vêtu d'une courte tunique et toujours dans une attitude menaçante [2].

Les figures d'Æon léontocéphale appartiennent à des époques basses et d'ailleurs leur origine orientale est admise.

On peut remarquer que la cuirasse attribuée au lion peint sur l'amphore n° 2 donne à cette composition un caractère guerrier qui la rattache au personnage éontocéphale brandissant un poignard, sculpté sur les parois de divers édifices assyriens.

La planche LIX a été coloriée d'après les originaux, à l'aide de photographies, et mise sur pierres par M. Régamey.

1. Sur un petit vase à figures rouges de la collection Durand on voyait deux satyres à tête de bouc. J. de Witte, *Descript. des ant. du cab. Durand*, p. 48, n° 142.

2. Bronze trouvé à Babylone. Ker Porter, *Travels in Persia, Babylonia*, t. II, pl. LXXX, n° 4. — Bas-relief de Nemrôd. Layard, *The Monum. of Nineveh*, pl. LXXXII; *Nineveh and its remains*, p. 463. — Bas-relief de Koyoundjek. Le même, *Discov. in the ruins of Nineveh and Babylon*, pl. annexée à la p. 104 et p. 462.

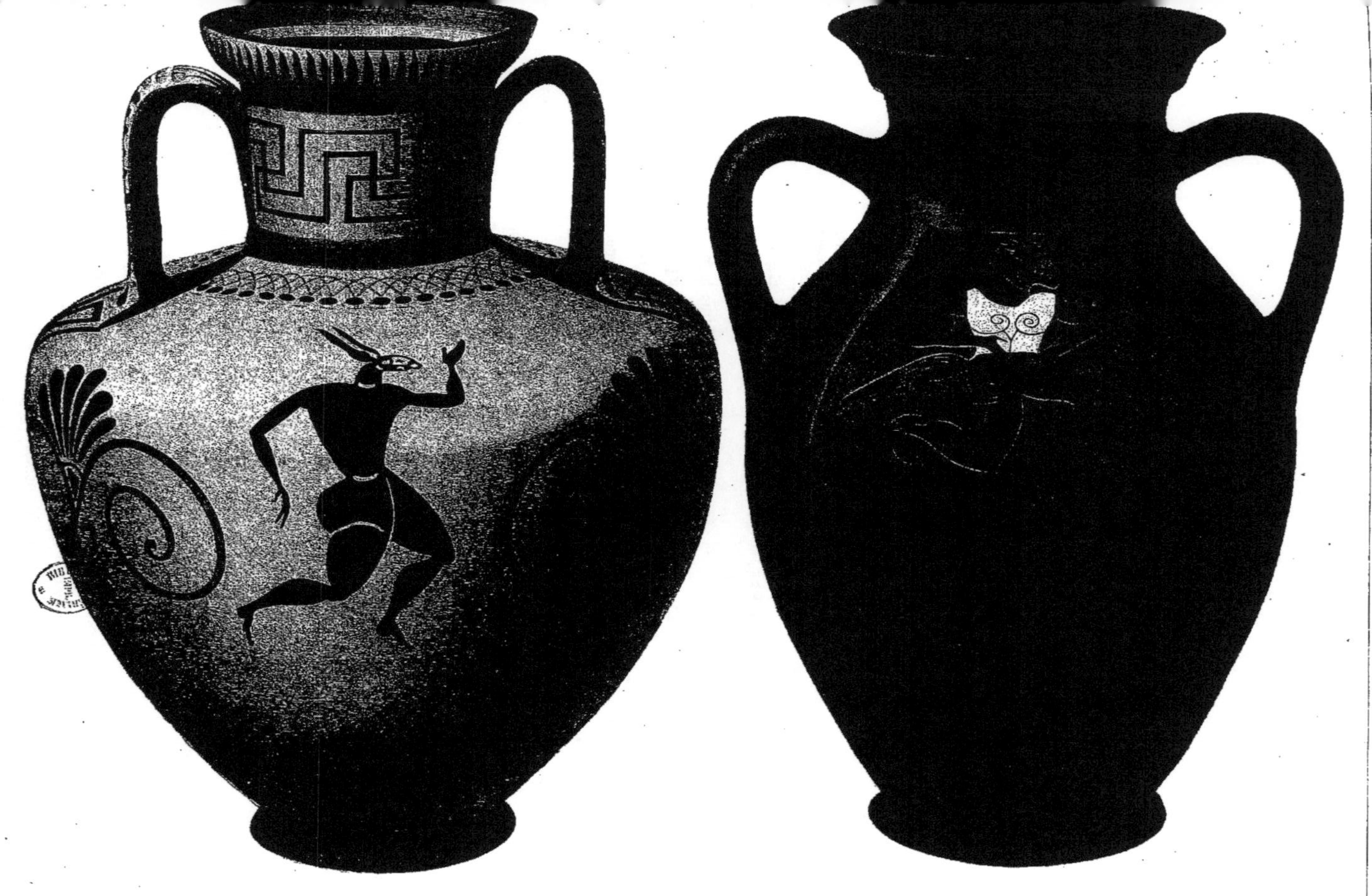

Peint et chromolith. par G. Regamey. — Imp. lith. Lemercier & Cie. Paris

DEUX AMPHORES

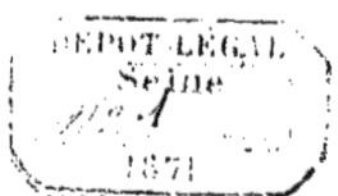


# MUSÉE

# NAPOLÉON III

## CHOIX DE MONUMENTS ANTIQUES

POUR SERVIR A L'HISTOIRE DE L'ART

EN ORIENT ET EN OCCIDENT

---

TEXTE EXPLICATIF

PAR

ADRIEN DE LONGPÉRIER

MEMBRE DE L'INSTITUT

CONSERVATEUR DES ANTIQUES DES MUSÉES IMPÉRIAUX

**Livraison 25**

TERRES-CUITES PHÉNICIENNES

*Lithographie en couleur.*

Texte et planche XXIV.

PARIS

L. GUÉRIN ET C$^{ie}$, ÉDITEURS, RUE BONAPARTE, 5

DÉPOT ET VENTE A LA LIBRAIRIE

THÉODORE MORGAND, RUE BONAPARTE, 5

Planche XXIV

# TERRES CUITES PHÉNICIENNES

---



N° 1. — Homme barbu, assis sur un grand siége à dossier carré, et vêtu d'une tunique longue qui forme entre les deux jambes un faisceau de plis parallèles. Sur sa tête est posé un voile dont les pans antérieurs arrondis tombant sur la poitrine sont rattachés l'un à l'autre par une patte horizontale, et par-dessus lesquels descendent six tresses de cheveux. Les deux mains sont posées sur les genoux.

Terre rouge. Hauteur, $0^m$,145.

N° 2. — Femme assise sur un grand siége à dossier carré; elle est vêtue d'une tunique talaire. Sa tête est couverte d'une haute coiffure cylindrique, de laquelle pend un voile qui descend sur les deux épaules et cache les cheveux. Les deux mains sont posées sur les genoux. Il subsiste quelques traces de peinture blanche sur le visage et quelques restes de coloration rouge sur la tunique.

Terre rouge. Hauteur, $0^m$,18.

N° 3. — Femme assise dans un siége à grand dossier. Elle est vêtue d'une longue tunique. Un voile, qui laisse les cheveux à découvert autour du front, tombe en pointe sur les épaules. La main droite est posée sur le genou; la gauche tient une colombe.

Cette figure, qui porte des traces de couleur d'un blanc jaunâtre, est creuse et a été, comme celles qui précèdent, trouvée à Amrit, au sud de Tortose.

Terre rouge. Hauteur, $0^m$,122.

Les trois figurines réunies sur la planche XXIV offrent la plus frappante analogie avec les statues assises retrouvées dans le sanctuaire d'Apollon, desservi, près de Milet en Ionie, par les Branchides (Hérodote, I, 92; II, 159; V, 36; VI, 19. — Strabon, XIII, p. 634), et apportées au British Museum par les soins de M. Charles Newton (William Gell, *Ionian antiquities,* part. I, ch. III, p. 30 à 52, pl. I et vignette p. 29. — Ch. T. Newton, *A history of discoveries at Halicarnassus, Cnidus and Branchidæ,* 1861, pl. LXXIV, LXXV, XCVII, p. 528, sq.).

Ce sanctuaire des Branchides, enrichi par les souverains de l'Asie et de l'Égypte,

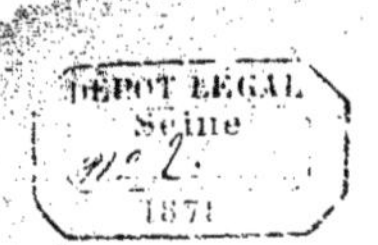


# MUSÉE

# NAPOLÉON III

## CHOIX DE MONUMENTS ANTIQUES

POUR SERVIR A L'HISTOIRE DE L'ART

EN ORIENT ET EN OCCIDENT

---

TEXTE EXPLICATIF

PAR

ADRIEN DE LONGPÉRIER

MEMBRE DE L'INSTITUT

CONSERVATEUR DES ANTIQUES DES MUSÉES IMPÉRIAUX

**Livraison 26**

VASE DE CAMIRUS

*Lithochromie.*

Texte et planche LVIII.

PARIS

L. GUÉRIN ET C^ie, ÉDITEURS, RUE BONAPARTE, 5

DÉPOT ET VENTE A LA LIBRAIRIE

THÉODORE MORGAND, RUE BONAPARTE, 5

Planche LVIII

# VASE PEINT DE CAMIRUS (ILE DE RHODES)

---

Œnochoé à embouchure trilobée.

Terre rouge enduite d'une couverte pâle, imitant la terre blanche de Corinthe.

se formée de trois tiges cylindriques reliées par la compression.



a panse est décorée de trois registres de figures et d'ornements, sans retouches à la pointe sèche.

Premier registre. — Griffon de grande proportion, ailé, rampant, les pattes antérieures étendues. Il est placé entre deux oies dont la tête est semblable à celle qui, trois fois répétée, décore la coupe représentée dans la planche LIV.

Deuxième registre. — Quatre bouquetins, dont trois paissant.

Troisième registre. — Trois fleurs épanouies, alternant avec un même nombre de boutons. Le champ des deux registres supérieurs est semé de rosaces, de triangles recoupés, et d'autres ornements qui atténuent les vides.

Autour du col règne une tresse dont les yeux contiennent un point brun.

Trouvé dans les fouilles de la nécropole de Camirus, et acquis en 1864.

Hauteur, $0^{m},34$.

Le griffon peint sur ce vase doit être comparé à ceux qui se voient sur les coupes d'argent doré de Larnaca (pl. X et XI), sur le bas-relief de Rouad pl. XVIII, n° 3), sur le bronze babylonien (pl. I, n° 4), et sur la plaque de bronze de travail phénicien (pl. XXI, n° 4). Ce vieux type asiatique se trouve encore sur divers objets de bronze et d'ivoire recueillis dans le palais de Sardanapale III, à Némrôd (Layard, *Nineveh and its remains,* 1849, t. II, p. 459; *The monum. of Nineveh,* 1849, pl. VIII, XLIII, XLVI, XC; *A second series of mon. of Nineveh,* 1853, pl. LX, LXIII; *Discoveries in the ruins of Nineveh,* 1853, p. 200, 362); dans les bas-reliefs du palais de Persépolis, où il apparaît comme adversaire de Xercès (Ker Porter, *Travels in Persia,* etc., 1821, t. I, pl. LII); sujet qu'il faut rapprocher des compositions qui décorent des cylindres et d'autres pierres gravées de travail babylonien et perse (époque des Achéménides) (Félix Lajard, *Introduction à l'étude du culte de Mithra,* 1847, Atlas pl. LIV, A 12; LVI, 5, 6, 8; LVII, 6, 7, 8; LVIII, 1, 7); on voit encore cet animal symbolique sur des monnaies de fort ancien style frappées en Lycie (Ch. Fellows, *Lycian coins*, 1855, pl. I, n° 6; pl. X, n°s 5 et 6 ; pl. XIV, n° 3) ; enfin le griffon ailé, adopté comme type monétaire à Téos en Ionie, fut porté en Thrace par des colons de cette ville qui fuyaient leur patrie pour échapper à la puissance des Perses (Hérodote, lib. I, 168. — Strabon, lib. XIV, p. 644), et il figure sur la monnaie d'Abdera comme un symbole emprunté à la métropole (voir Mionnet, *Descript. des médailles ant.*, recueil de planches, pl. XLIV, n° 6; pl. XLIX, n°s 1 à 5; pl. LIV, n° 8. — Charles Combe, *Nummor. veter. qui in Museo G. Hunter asserv. descriptio,* 1782, pl. LVII, n°s 14 à 23). Le griffon ailé, transporté de bonne heure en Italie avec les monuments asiatiques sur lesquels il était représenté (L. Grifi, *Monum. di Cere antica*, 1841, pl. XI, n° 2), devint un motif d'ornement très-commun parmi les Étrusques.

Des griffons, qui paraissent aptères, et qui portent debout sur leur dos les images des dieux, figurent dans les bas-reliefs sculptés sur la cime de la montagne Chenduc, dans le district de Dhohec, à environ treize lieues au nord-ouest de Mossoul. L'un de ces bas-reliefs découvert en 1845, par M. Simon Rouet, gérant du consulat de France à Mossoul, a été publié dans le *Journal asiatique* (1846, 4e série, t. VII, p. 280, planche annexée).

La planche LVIII a été exécutée à l'aide d'une photographie, coloriée d'après l'original et mise sur pierre par M. Régamey.

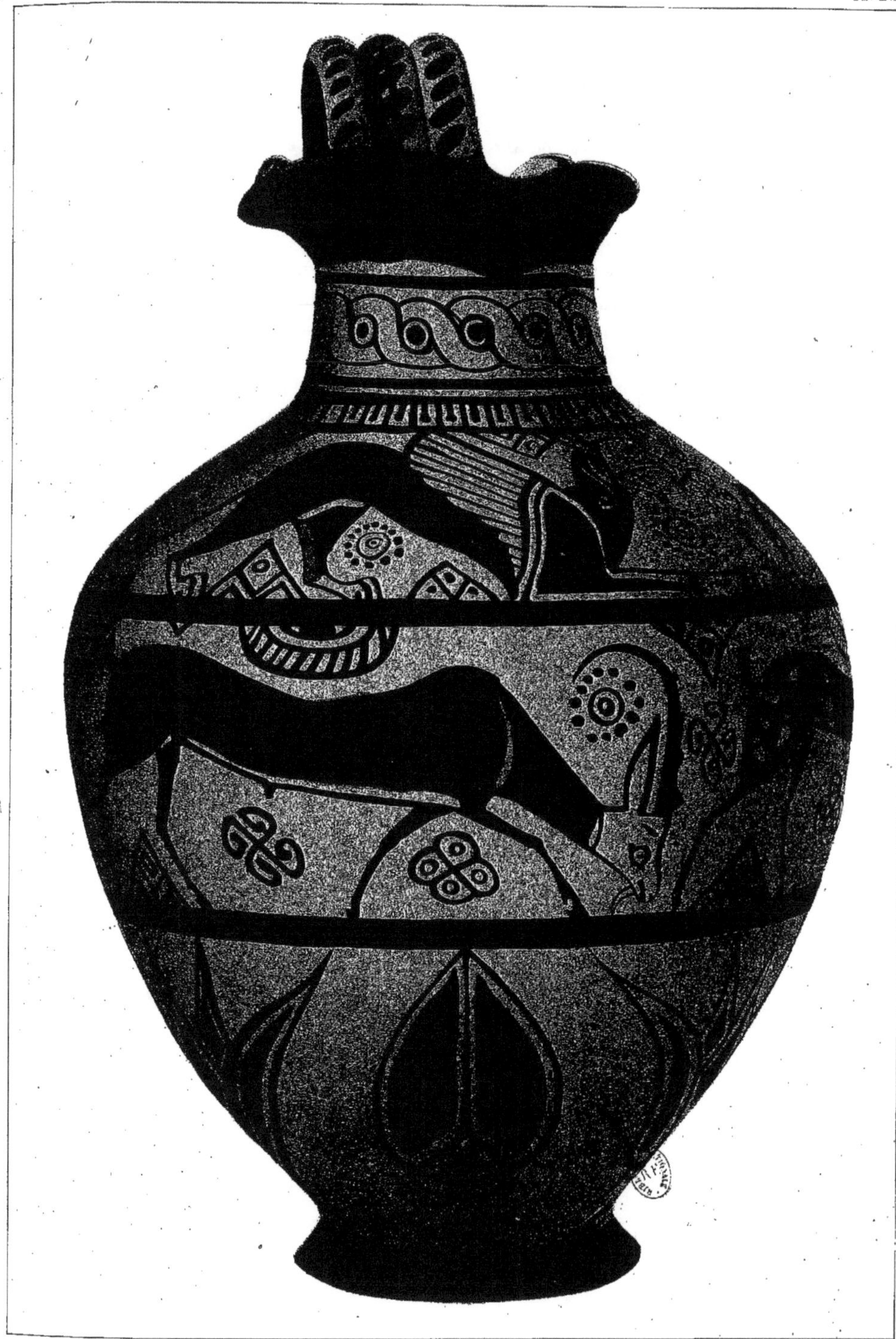

Peint et chromolith. par G. Regamey. Imp. lith. Lemercier & Cie Paris.

VASE DE CAMIRUS.

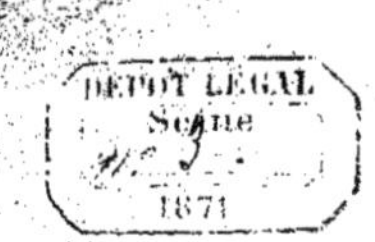


# MUSÉE

# NAPOLÉON III

## CHOIX DE MONUMENTS ANTIQUES

POUR SERVIR A L'HISTOIRE DE L'ART

EN ORIENT ET EN OCCIDENT

---

TEXTE EXPLICATIF

PAR

ADRIEN DE LONGPÉRIER

MEMBRE DE L'INSTITUT

CONSERVATEUR DES ANTIQUES DES MUSÉES IMPÉRIAUX

**Livraison 27**

Œnochoé corinthienne

*Lithochromie.*

Texte et planche LXIV.

PARIS

L. GUÉRIN ET C^ie, ÉDITEURS, RUE BONAPARTE, 5

DÉPOT ET VENTE A LA LIBRAIRIE

THÉODORE MORGAND, RUE BONAPARTE, 5

# ŒNOCHOÉ CORINTHIENNE



Terre blanche. — Figures peintes en noir et en rouge, avec retouches à la pointe sèche. Col évasé peint en noir. Anse formée de deux tiges cylindriques réunies par compression. Au point où elles s'attachent au rebord, s'élèvent deux rondelles décorées d'une rosace peinte.

La panse est divisée en cinq registres ornés de figures, dont le nombre croît en raison du diamètre de chaque zone.

Premier registre. — Oiseau à tête humaine barbue. Cygne, sanglier, lion.

Deuxième registre. — Deux boucs luttant, tête contre tête, deux lions, deux sangliers.

Troisième registre. — Trois lions, deux béliers, deux sangliers.

Quatrième registre. — Taureau, bélier, sanglier, quatre lions.

Cinquième registre. — Deux lions, deux boucs luttant, bélier et bouc.

Le champ est semé de petites rosaces atténuant les vides.

A la base, une rangée d'oves.

Acquis en 1864.

Hauteur, $0^m,33$.

Ce vase de style très-fin nous montre une première tentative de l'introduction de la figure humaine parmi les représentations d'animaux. Encore ne s'agit-il que d'une tête ajustée sur un corps d'oiseau, suivant le mode asiatique dont les colosses d'Euyuk, en Galatie, offrent un remarquable exemple (Hamilton, *Researches in Asia Minor*, 1842, t. I, p. 400. — *Revue archéol.*, 1845, p. 80. — G. Perrot, *Explor. archéol. de la Galatie*, etc., 1865, pl. LXV et LXVII). On voit encore l'oiseau à tête humaine barbue sur des pierres gravées babyloniennes (un exemple dans Cullimore, *Oriental cylinders*, 1842, pl. XXX, n° 160; divers autres dans Félix Lajard, *Introduction à l'étude du culte de Mithra*, 1847, Atlas, pl. XVII, 6; pl. XXVIII, 11; pl. XLVI, 15; pl. XLIX, 2; pl. LIV, B, 2.), et dans les bas-reliefs assyriens de la montagne Chenduc, découverts par M. Rouet (*Journal asiatique*, 1846, 4$^e$ série, t. VII, p. 280, planche annexée).

En Grèce, l'oiseau à tête humaine se montre imberbe, et nous ne pouvons pas douter qu'il y portait le nom de Sirène dès une époque fort ancienne, puisque le nom se voit écrit près de cet oiseau peint sur une amphore de très-vieux style. La Sirène a un sens funéraire, et, à cet égard, se rapproche des Harpyies en forme d'oiseau à buste de femme qui ravissent les humains à la terre (voir les sculptures très-antiques du grand tombeau de Xanthus en Lycie; Ch. Fellows, *Account of discoveries made in Lycia,* 1841, pl. XXI). Les représentations de Sirènes devinrent très-communes ; et, sous l'Empire romain, elles prennent le caractère de motif ornemental.

A une époque plus ancienne, l'oiseau à tête humaine apparaît sur les tétradrachmes attribués à la Pannonie (*Numismata musei Hon. Arigoni,* 1745, t. III, pl. 100 (IX), n° 13. — Neumann, *Popul. et regum numi veteres,* 1779, t. I, pl. IV, n° 15. — Cf. Mionnet, *Descript. des méd. ant.,* 1813, t. VI, p. 718, n$^{os}$ 1 et 2 ; — Suppl., t. IX, p. 256, n$^{os}$ 20 et 21). L'oiseau à tête humaine casquée qui forme un des types de la monnaie frappée au nom de la famille romaine Valeria (Ch. Lenormant, *Nouv. Annales de l'Instit. archéol.,* 1838, pl. D, n° 2) présente cette combinaison symbolique vers la fin de la République.

Deux oiseaux à tête humaine, coiffés d'un bonnet conique, et placés l'un en face de l'autre comme ceux qui se voient sur les cylindres et les sceaux babyloniens, figurent dans un médaillon circulaire de la grande mosaïque découverte en 1851 sous le pavage de la cathédrale de Pesaro (G. Carducci, *Sul grande musaico scoperto in Pesaro*, 1867, pl. I). Ils sont accompagnés de l'inscription LAMIE qui indique leur caractère funéraire. Les artistes qui ont composé et restauré cette mosaïque [1], œuvre des bas-temps, en donnant aux *lamies* la coiffure conique, ont sans doute entendu se conformer à l'opinion qui attribue une origine orientale à ces êtres infernaux. La composition présente divers sujets de tradition asiatique, tels que le griffon ailé attaquant un sanglier, la panthère qui dévore un cerf.

La planche LXIV a été exécutée à l'aide d'une photographie coloriée d'après l'original et mise sur pierre par M. Régamey.

1. Autour du médaillon, on lit : *Dna* (Domina) *Marota uxor boni ominis Gaudenci fecit operare ista tabulas.*

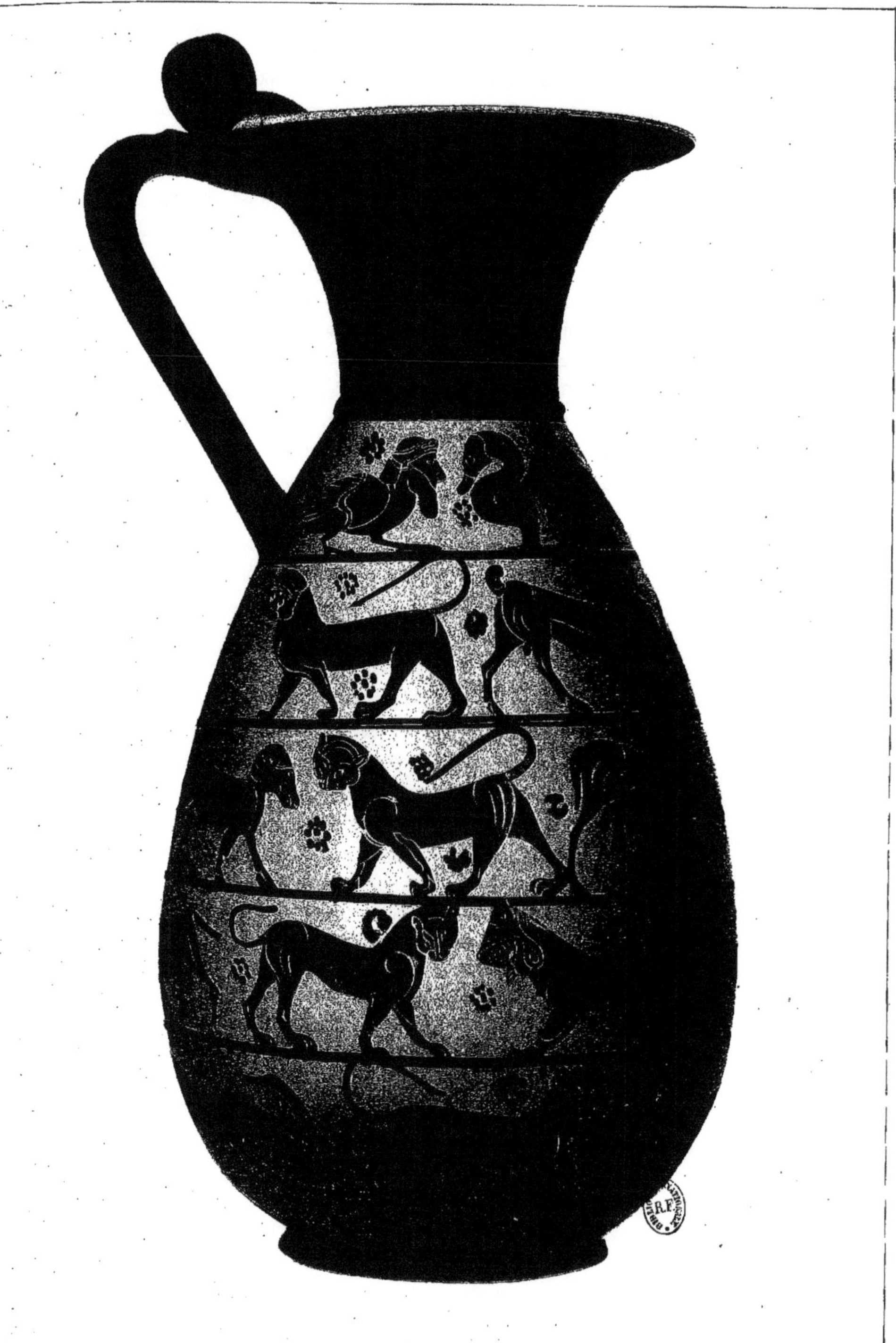

Peint et chromolith. par G. Regamey. Imp. lith. Lemercier & Cie, Paris.

ŒNOCHOÉ CORINTHIENNE

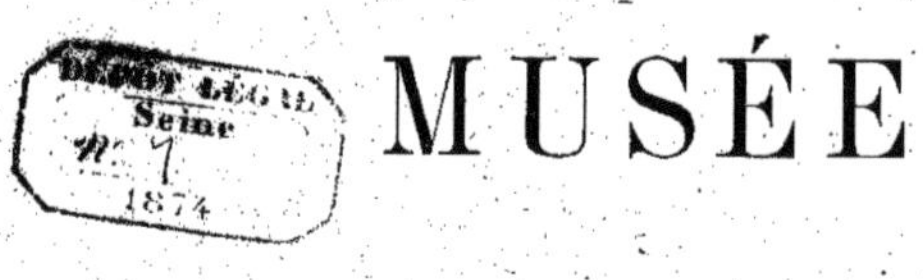


# MUSÉE
# NAPOLÉON III

## CHOIX DE MONUMENTS ANTIQUES

POUR SERVIR A L'HISTOIRE DE L'ART

EN ORIENT ET EN OCCIDENT

---

TEXTE EXPLICATIF

PAR

ADRIEN DE LONGPÉRIER

MEMBRE DE L'INSTITUT

CONSERVATEUR DES ANTIQUES DES MUSÉES IMPÉRIAUX

**Livraison 28**

COUPES DE CAMIRUS

*Lithochromie.*

Texte et planche LIV.

PARIS

L. GUÉRIN ET Cie, ÉDITEURS, RUE BONAPARTE, 5

DÉPOT ET VENTE A LA LIBRAIRIE

THÉODORE MORGAND, RUE BONAPARTE, 5

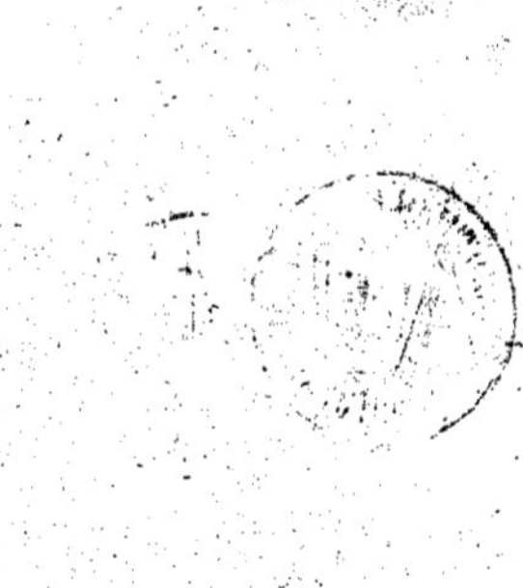

PLANCHE LIV.

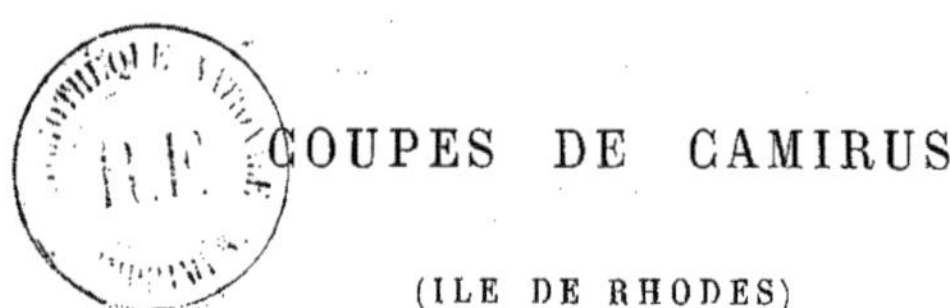

# COUPES DE CAMIRUS

## (ILE DE RHODES)

---

N° 1. — Terre rouge, couverte jaune.

Au centre, rosace entourée de filets bruns et noirs, et d'un bandeau chargé de méandres.

Autour, trois têtes d'oie, séparées de trois rosaces par six groupes de stries verticales cunéiformes. Les têtes et les rosaces sont accompagnées de divers ornements, parmi lesquels on remarque des triangles recoupés, et qui atténuent les vides du champ. — Cette coupe est munie d'un pied élevé.

Acquise en 1863.

Diamètre, 0m,342.

N° 2. — Autre; même terre et même couverte.

Au centre, rosace entourée de filets bruns et noirs, et d'un bandeau chargé de crochets opposés imitant les méandres. Autour, trois têtes de daim, séparées de trois palmettes à double spirale par des groupes de stries cunéiformes. Le champ sur lequel se détachent les têtes d'animaux est rempli par divers ornements. — Cette coupe est, comme la première, montée sur un pied élevé.

Acquise en 1864.

Diamètre, 0m,324.

La planche LIV a été exécutée à l'aide de photographies coloriées d'après les originaux et mise sur pierre par M. Régamey.

PARIS. — J. CLAYE, IMPRIMEUR, 7, RUE SAINT-BENOIT. — [1915]

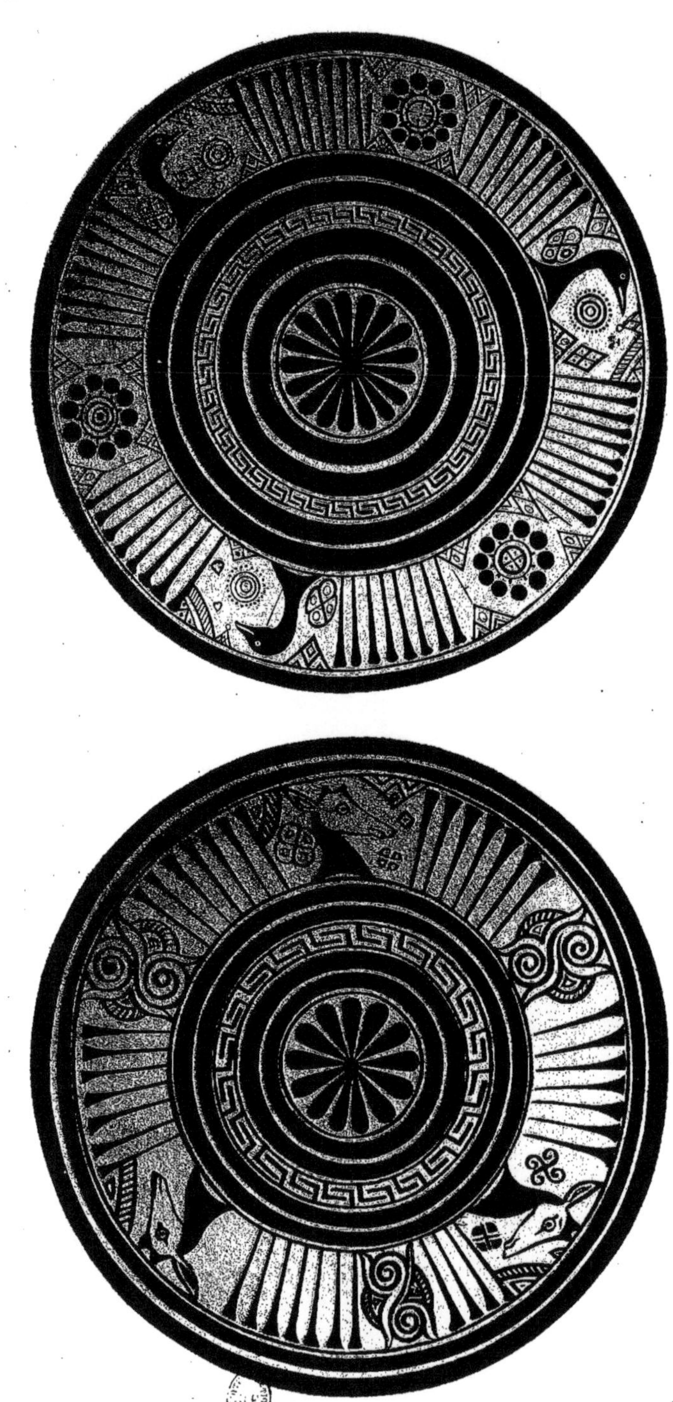

Peint et chromolith.ᵉ par G. Regamey. Imp. lith. Lemercier & Cie Paris

COUPES DE CAMIRUS.

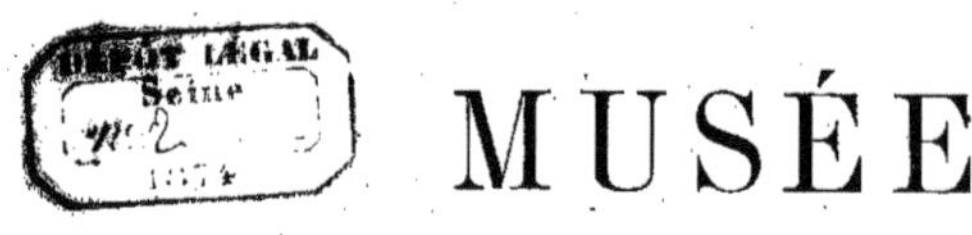


# MUSÉE NAPOLÉON III

## CHOIX DE MONUMENTS ANTIQUES

POUR SERVIR A L'HISTOIRE DE L'ART

EN ORIENT ET EN OCCIDENT

TEXTE EXPLICATIF

PAR

ADRIEN DE LONGPÉRIER

MEMBRE DE L'INSTITUT

CONSERVATEUR DES ANTIQUES DES MUSÉES IMPÉRIAUX

**Livraison 29**

MORT D'AJAX, FILS DE TÉLAMON.

*Lithochromie.*

Texte et planche LXVI.

PARIS

L. GUÉRIN ET Cie, ÉDITEURS, RUE BONAPARTE, 5

DÉPOT ET VENTE A LA LIBRAIRIE

THÉODORE MORGAND, RUE BONAPARTE, 5

Planche LXVI

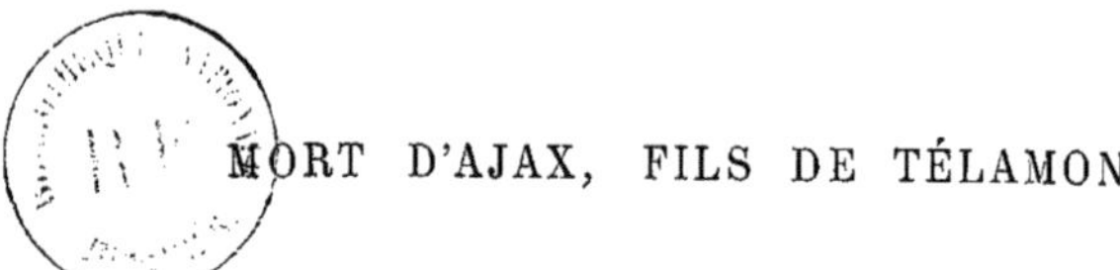

# MORT D'AJAX, FILS DE TÉLAMON

PEINTURES CORINTHIENNES

N° 1. — Alabastron de forme sphéroïdale. Terre blanche de Corinthe; figures noires avec détails rouges et trait à la pointe sèche.

Ajax, entièrement nu, s'est précipité sur son épée, qui le perce de part en part; son sang coule à flots. Le héros Télamonien est de grande taille et barbu. Ses cheveux forment une masse épaisse qui recouvre son cou et son dos. Diomède et Ulysse, nus et sans armes, se penchent vers le mourant. Le premier semble parler, et son geste indique qu'il accuse Ulysse d'être la cause de l'acte de désespoir qui les prive d'un compagnon d'armes.

Hauteur du vase, 0m,072. — Trouvé dans les fouilles de Camirus et acquis en 1863.

N° 2. — Groupe peint au-dessous d'une des anses du grand cratère de Céri, gravé dans la planche LXXI.

Même sujet. — Ajax est coiffé d'un casque sans crista; ses jambes sont armées de cnémides; son sang jaillit en abondance autour de la pointe du glaive. Près de sa tête, on lit son nom MAΊΞA (Αἴας) en caractères corinthiens tracés de droite à gauche.

Diomède ΔΞOMΒΔΒΜ (Διομήδης) est armé d'un casque à crista noire, d'une cuirasse, de cnémides, d'une lance, et d'un grand bouclier de forme argienne. Le geste qu'il fait de la main gauche montre qu'il adresse des reproches à Ulysse [1]. Celui-ci, désigné par son nom OΔΥΜΒΥΜ ('Οδυσεύς) est armé comme Diomède; la crista de son casque est rouge, et son bouclier, que l'on voit par le dehors, est décoré d'une

1. L'intervention de Diomède dans cette scène n'avait pas été indiquée par les écrivains.

grande rosace dont les pétales ont la forme de croissants [2]. L'animation de Diomède contraste avec le calme du prudent Ulysse.

Les deux peintures ont été réunies parce qu'elles marquent deux phases de l'art corinthien. Les inscriptions qui accompagnent les figures de la seconde composition ne laissent d'ailleurs aucun doute sur le nom des personnages de style très-antique qui décorent le petit alabastron recueilli à Camirus.

Dans cette première scène, Ajax a des proportions de géant, ce qui est en complet accord avec la donnée homérique. *L'Iliade* ne lui attribue pas seulement la fréquente qualification de μέγας, qui pourrait exprimer comme μεγάθυμος (XXIII, 479), la grandeur morale ; elle associe à son nom l'épithète πελώριος, et le dépeint comme

ἔξοχος Ἀργείων κεφαλὴν ἠδ' εὐρέας ὤμους [3].

Après la mort d'Achille, Ajax et Ulysse prétendent à la possession des armes du héros ; à l'instigation de Minerve, elles sont dévolues au roi d'Ithaque ; Ajax, dans un accès de folie furieuse, massacre des troupeaux de bœufs qu'il prend pour ses ennemis, et se perce de cette épée fatale qu'il avait reçue d'Hector en échange d'un baudrier. La douleur du guerrier Télamonien avait survécu à cette catastrophe, et c'est en vain qu'Ulysse, rencontrant son âme au seuil de l'Érèbe, tente de l'apaiser (*Odyss.*, XI. 543, sqq.). Dans l'*Ajax* de Sophocle, le roi d'Ithaque plaide avec beaucoup de dignité la cause de son antagoniste, auquel Agamemnon refusait les honneurs de la sépulture.

A l'exemple des poëtes, les artistes ont traité maintes fois ce sujet dramatique, et il convient de classer les œuvres des céramographes dans un ordre qui permette de comprendre les variantes qu'elles offrent.

Notre peinture n° 1 est à coup sûr la plus ancienne qui ait encore été retrouvée. Elle montre le gigantesque Ajax dans toute la rudesse du héros homérique. A ce titre, elle est très-précieuse.

La peinture n° 2 est, au contraire, exécutée avec la finesse de l'art avancé du VII^e siècle. Ajax est de taille ordinaire. Ulysse, qui doit sa supériorité dans les conseils à la souplesse de son esprit, est moins grand que les autres guerriers. Le casque d'Ajax est dépourvu du *lophos* qui avait brillé dans tant de combats, mais qui ne convient plus à un homme qui se tue par désespoir. Quoique l'artiste appartienne à une école que n'effraie pas l'image du suicide dans toute sa réalité, il est évident qu'il procède avec délicatesse.

Au reste, la mort d'Ajax se retrouve encore avec la même réalité sur une

2. Il est vraisemblable qu'Ulysse est ici représenté portant les armes d'Achille.
3. *Iliad.*, III, 227.

amphore d'époque beaucoup moins antique, qui a fait partie de la célèbre collection Durand, et qui aujourd'hui est conservée au Musée Britannique[4]. Mais cette amphore est de travail étrusque, et l'on sait que l'art tyrrhénien ne repoussait pas les idées lugubres et les images sanglantes. Dans la peinture dont il s'agit, Ajax est dépouillé de ses armes, qui sont représentées près de lui; il est couronné de feuillage. L'épée qui traverse son corps a pénétré au-dessous de l'aisselle, seul point qui ne fût pas invulnérable, suivant la tradition conservée par Pindare (*Isthm.*, VI. 75), tradition qui n'avait pas encore cours, du moins avec ce détail, au temps où furent exécutées nos peintures corinthiennes.

Un joli petit vase de Nola, publié par M. Minervini, montre Ajax nu, barbu, agenouillé, les deux bras étendus, près de son épée fixée en terre par la poignée; son casque, son bouclier de forme béotienne, le fourreau de son épée sont placés derrière lui[5].

Sur un stamnus de Chiusi appartenant au musée de Palerme, Ajax debout, nu, sans armes, faisant de la main droite le geste de l'invocation, paraît poussé par un Charon ailé vers l'épée toujours fixée en terre par la poignée. Devant le héros, Minerve, la tête couverte de son égide hérissée de serpents, pose son pied gauche sur le cadavre d'un bœuf, qui symbolise le carnage des troupeaux accompli sous son influence. Elle semble exciter sa victime à se donner la mort[6].

Les deux dernières peintures, fournies par des vases à figures rouges, ont été exécutées à une époque où l'art adoucissait les images. L'euphémisme s'introduisait dans le dessin comme dans la poésie. Ajax invoque Jupiter, Mercure, conducteur des âmes, et les Érinnyes (Sophocl., *Ajax*, 831-837); son épée est préparée comme il convient pour réaliser son funeste projet (*Ibid.*, 815). Le suicide est évident; mais les détails répugnants sont supprimés.

Les deux peintures de la planche LXVI sont reproduites dans la grandeur exacte des originaux.

4. Reproduite dans les *Monumenti* (t. II, pl. VIII) publ. par l'*Inst. arch. de Rome*, 1834. Voir le mémoire de Raoul-Rochette, *Annali dell' Inst. arch.*, t. VI, p. 272. — Cf. J. de Witte, *Cat. de la coll. Durand*, p. 80, n° 251. — L'autre face de l'amphore représente la mort d'Actéon; on a remarqué que ces deux sujets sont « sans rapport l'un avec l'autre. » Mais on peut rappeler que dans les peintures de la Lesché de Delphes, Ajax était figuré près d'Actéon; Pausanias, X, 31, 1.

5. *Bullettino arch. Napoletano*. Nuova serie, t. I, 1853, pl. X, nos 4-6, et p. 191.

6. Le vase d'abord publié par Otto Jahn, *Annali dell' Inst. arch.*, 1848, t. XX, *tav. d'agg.* K, a été, en dernier lieu, très-clairement expliqué par M. H. Heydemann, *Archæol. Zeitung*, nouv. sér., t. IV, 1871, p. 60. — Nous n'avons pas fait entrer dans notre série la description d'un vase que le même archéologue a publiée d'après un dessin conservé au musée de Berlin, parce que l'authenticité du monument ne nous est pas démontrée.

PARIS. — J. CLAYE, IMPRIMEUR, RUE SAINT-BENOIT, 7. — [1970]

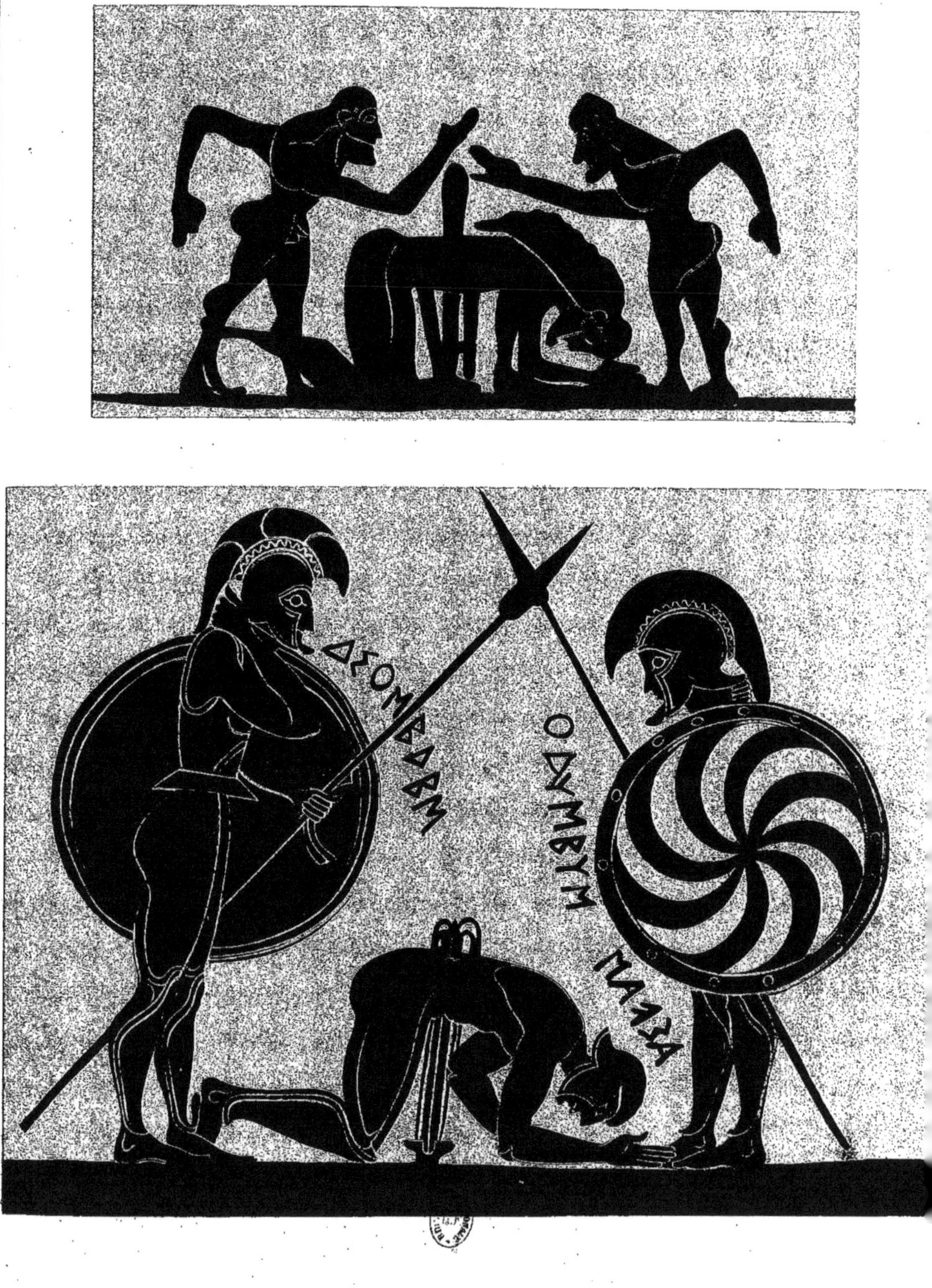

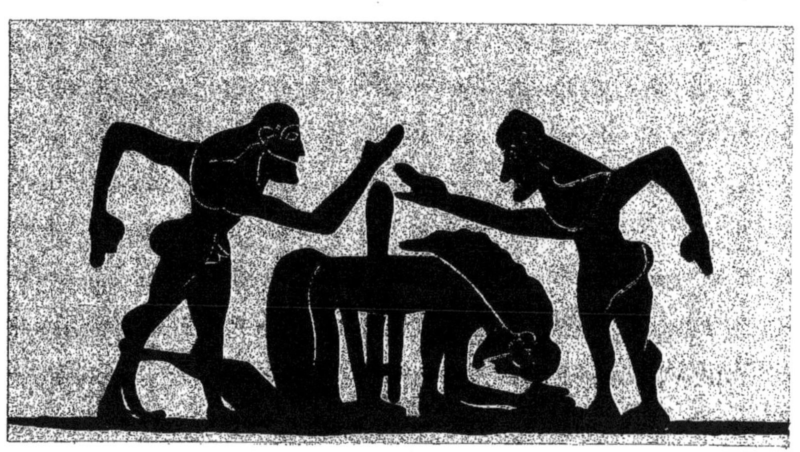

Peint et chromolith.e par G. Regamey. Imp. lith. Lemercier &

MORT D'AJAX — VASES CORINTHIENS.

# PROSPECTUS DU MUSÉE NAPOLÉON III

Le public a été pendant de longues années fatigué par la publication un peu monotone des monuments de l'antiquité tels qu'on les comprenait au commencement de ce siècle. La reproduction froide et souvent bien imparfaite de marbres, romains pour la plupart, représentant des Muses, des Bacchus et des Mercure, avait lassé son attention. Aussi les sympathies s'étaient-elles reportées sur les livres consacrés aux œuvres d'art du moyen âge dans lesquelles on trouvait plus de variété, plus d'imprévu. Mais, depuis un quart de siècle, les collections archéologiques ont pris un aspect nouveau. Ce ne sont plus seulement des marbres que renferment nos musées. On y peut étudier de riches séries de monuments d'un tout autre genre, des peintures, des terres cuites aux formes charmantes et aux couleurs variées, des vases émaillés, des bronzes, des bijoux d'une délicatesse et d'une grâce infinies, des bois et des ivoires sculptés, des armes, et tous les ustensiles de la vie privée. L'Orient, inconnu de nos pères, nous a livré les secrets de son passé, et nous trouvons dans ses œuvres les origines bien curieuses des divers systèmes d'ornementation adoptés par l'Europe et perpétués jusqu'à nos jours.

C'est de cette antiquité renouvelée et attrayante que nous avons pensé à donner le tableau. La photographie prête maintenant son aide efficace à la gravure; des procédés ingénieux nous permettent de reproduire avec la plus grande exactitude les couleurs en même temps que les formes, et nous pouvons ainsi offrir au public, à des conditions modestes, des planches qui ne laissent rien à désirer, et qui autrefois eussent été d'un prix accessible seulement à un bien petit nombre d'amateurs.

Le Musée Napoléon III a été considérablement enrichi par l'acquisition de la splendide galerie Campana; mais il contient une grande quantité d'autres choses. Depuis près de vingt années, de nombreuses acquisitions ont rempli le Louvre d'une foule d'objets précieux parmi lesquels nous avons été à même de choisir ce qui est le plus caractéristique. Aussi passerons-nous en revue successivement les œuvres d'art des Babyloniens, des Assyriens, des Perses, des Hébreux, des habitants des îles de l'Asie Mineure, des Doriens et des Hellènes de la Grèce, des Étrusques, de ces actifs Phéniciens qui portaient les produits de leur industrie sur toutes les côtes de la Méditerranée.

Nous avons le ferme espoir que le public, qui comprend si vite les entreprises utiles, fera bon accueil à une publication dans laquelle il trouvera tant d'éléments variés et nouveaux pour l'histoire des arts, des religions, du commerce, et des relations politiques de peuples dont le nom réveille de si grands souvenirs. Les artistes surtout apprécieront nos efforts pour leur fournir des documents d'une authenticité incontestable, présentés avec ces explications précises qui sont devenues indispensables à une époque où l'on ne se contente plus d'appréciations poétiques et d'hypothèses plus ou moins sonores.

L'exécution des planches a été confiée aux plus habiles artistes. Les planches en couleurs sont dues au talent éprouvé de M. Regamey; les gravures sur acier aux artistes les plus distingués, parmi lesquels nous citerons MM. Varin, Oury et Soudain, dont le burin souple et fidèle est bien connu des amateurs.

Le texte se compose d'une description paraissant en même temps que chaque planche, et d'un exposé général qui sera publié par chapitres.

## CONDITIONS DE LA SOUSCRIPTION :

L'ouvrage formera environ 140 livraisons, grand in-4° jésus.

Chaque livraison est composée de deux planches en noir ou d'une planche en chromolithographie, accompagnées de leur explication.

PRIX DE LA LIVRAISON : 4 FRANCS.

PARIS — J. CLAYE, IMPRIMEUR, RUE SAINT-BENOIT, 7.

MVSÉE NAPOLÉON III

Pl. I

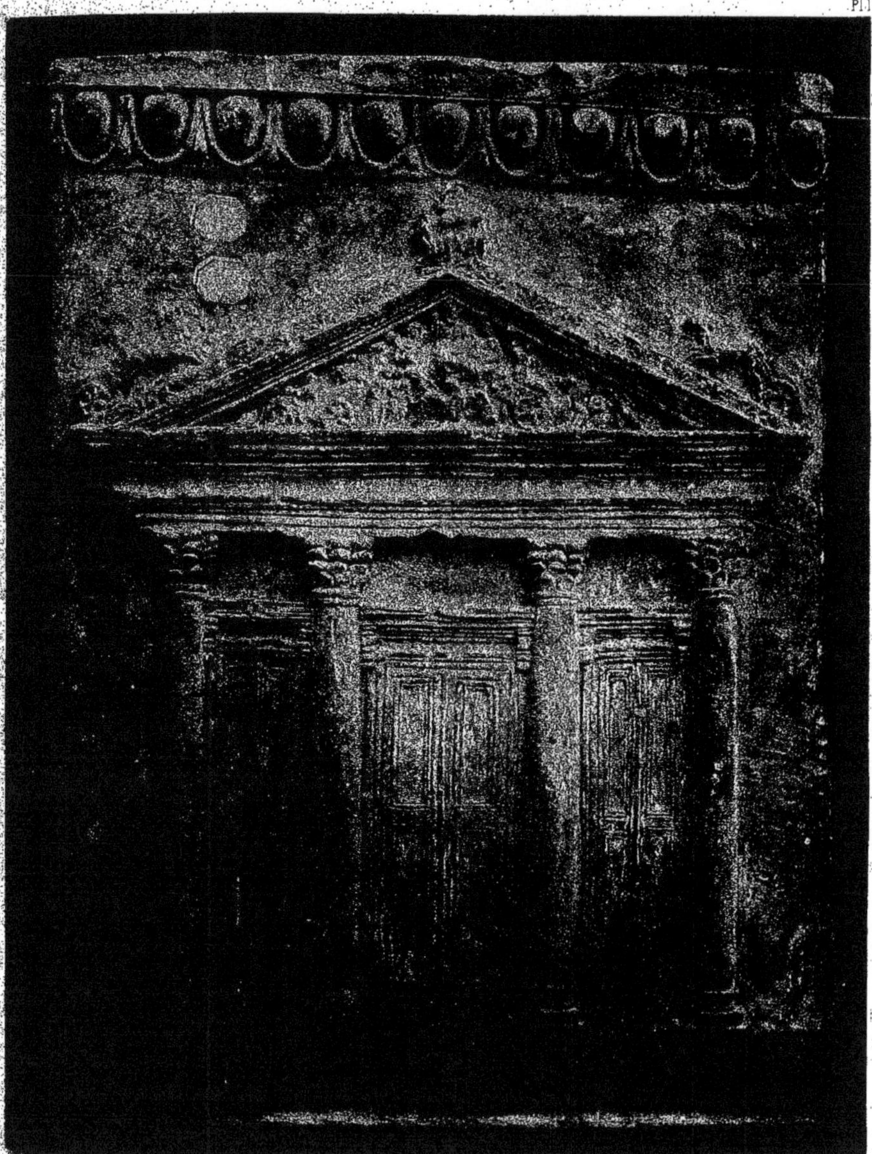

D'après les clichés de L. LAFFON

Procédé POITEVIN

TEMPLE DE JVPITER CAPITOLIN



A. MOREL et Cie Éditeurs à Paris.

Lithophoto. LEMERCIER r. de Seine 57 Paris

PL. II.

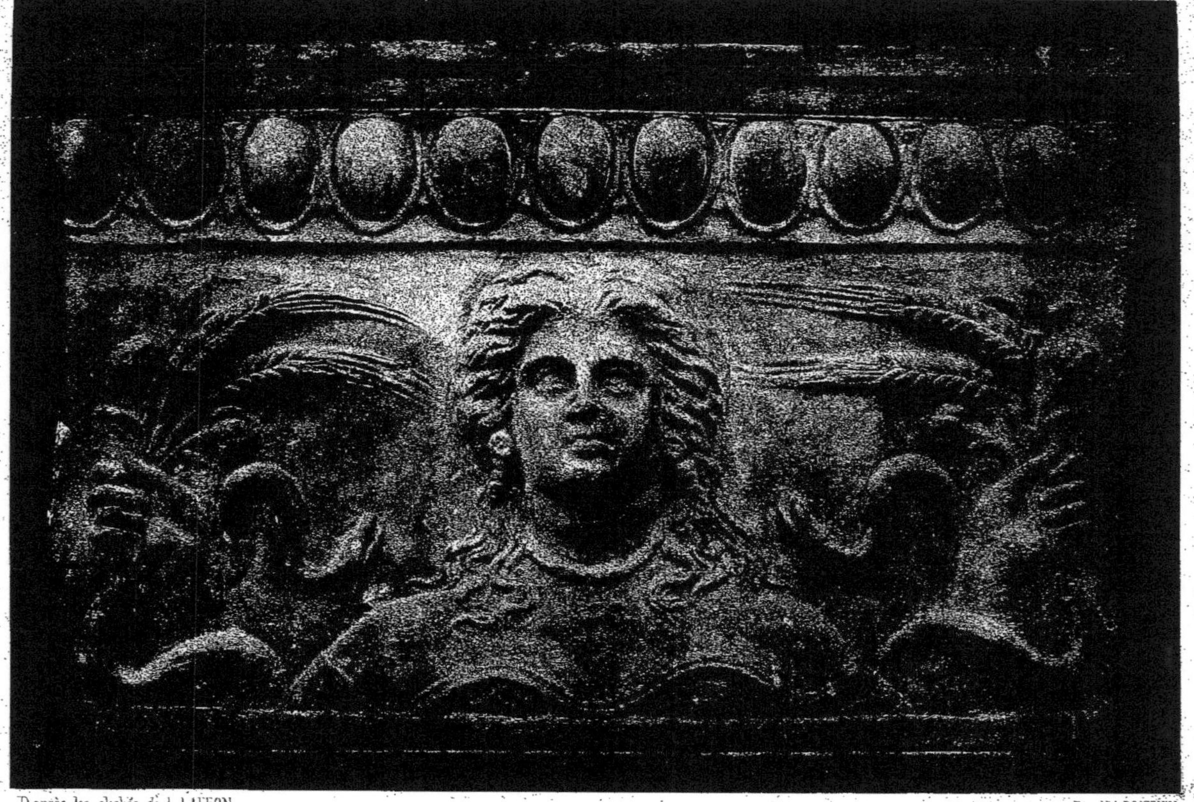

D'après les clichés de L. LAFFON. Procédé POITEVIN.

CÉRÈS

Paris A. MOREL et C^ie^ Éditeurs. Lithophoto. Lemercier, rue de Seine 57 Paris

MVSÉE NAPOLEON III

Pl V.

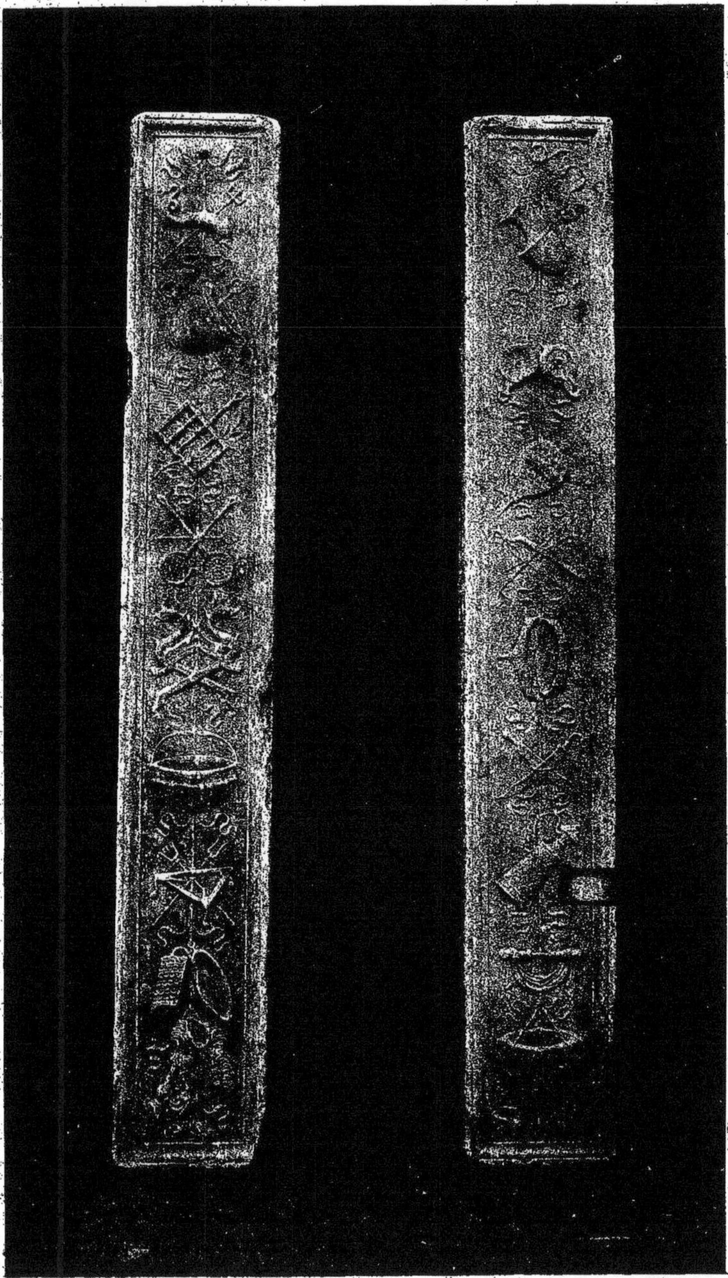

D'après les clichés de L. LAFFON. Procédé POITEVIN

PARTIES LATÉRALES D'VN CHAMBRANLE DE LA RENAISSANCE

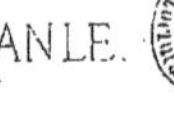

A. MOREL et Cie Editeurs à Paris

Lithophoto LEMERCIER r de Seine 57, Paris

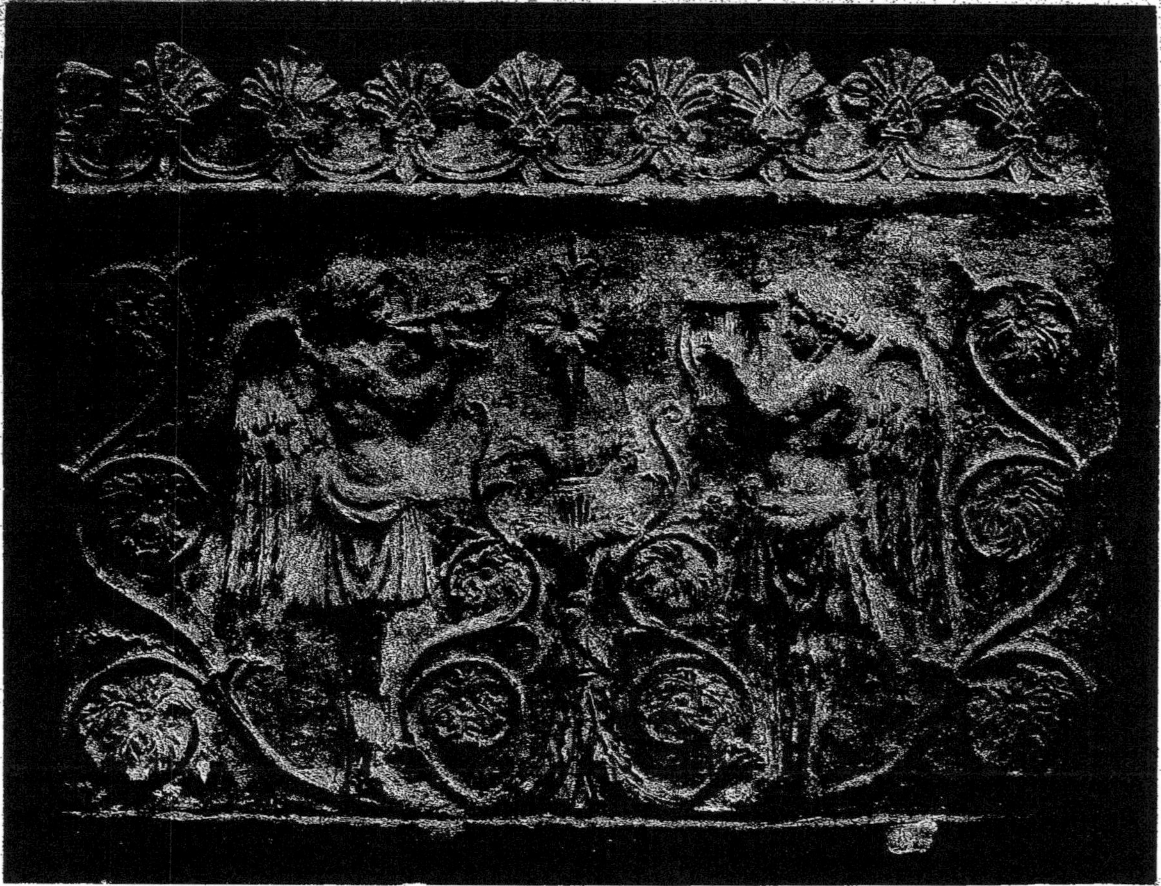

D'après les clichés de L. LAFFON.

Procédé POITEVIN.

GÉNIES A LA DOUBLE FLÛTE ET A LA LYRE.

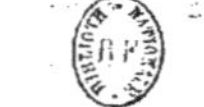

…REL et Cie Éditeurs à Paris

Lithophoto. LEMERCIER r. de Seine 57 Paris.

# MVSÉE NAPOLÉON III

PL. XVI

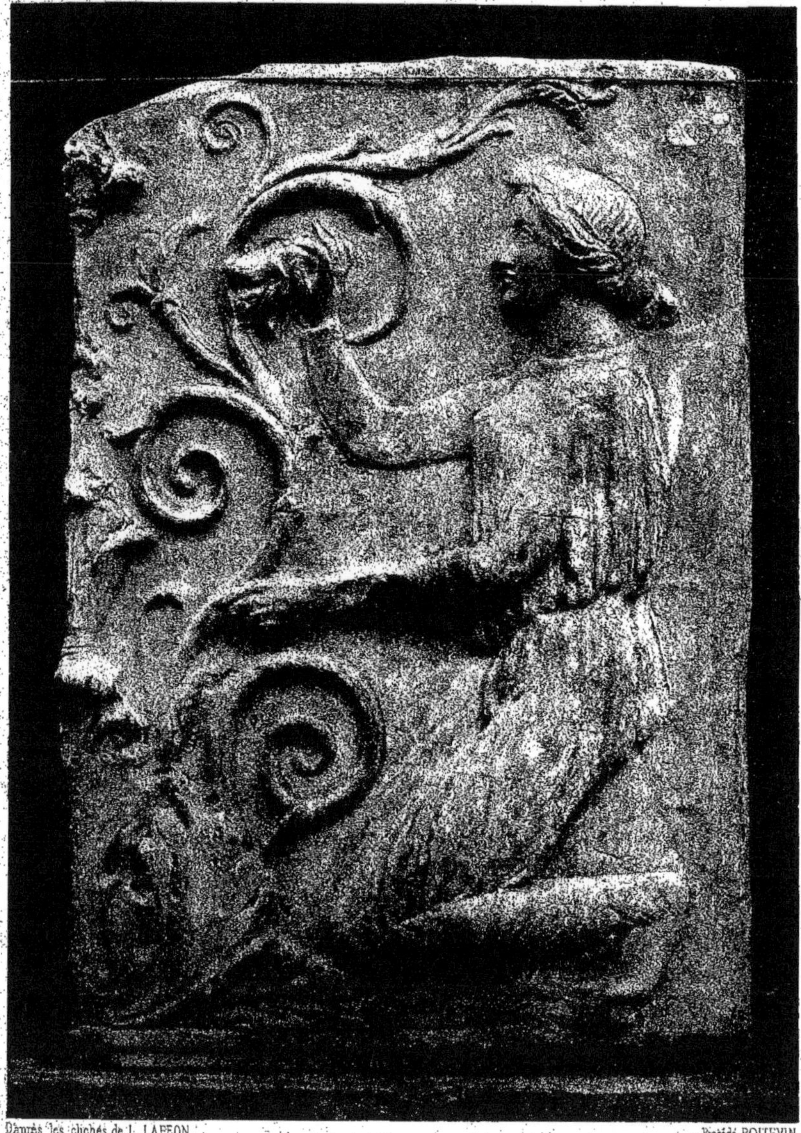

D'après les clichés de L. LAFFON. Procédé POITEVIN

NYMPHE AVX RINCEAVX



A. MOREL et C^{ie} Editeurs à Paris Lithophoto LEMERCIER r. de Seine 57 Paris

MVSÉE NAPOLÉON III

Pl. XVII

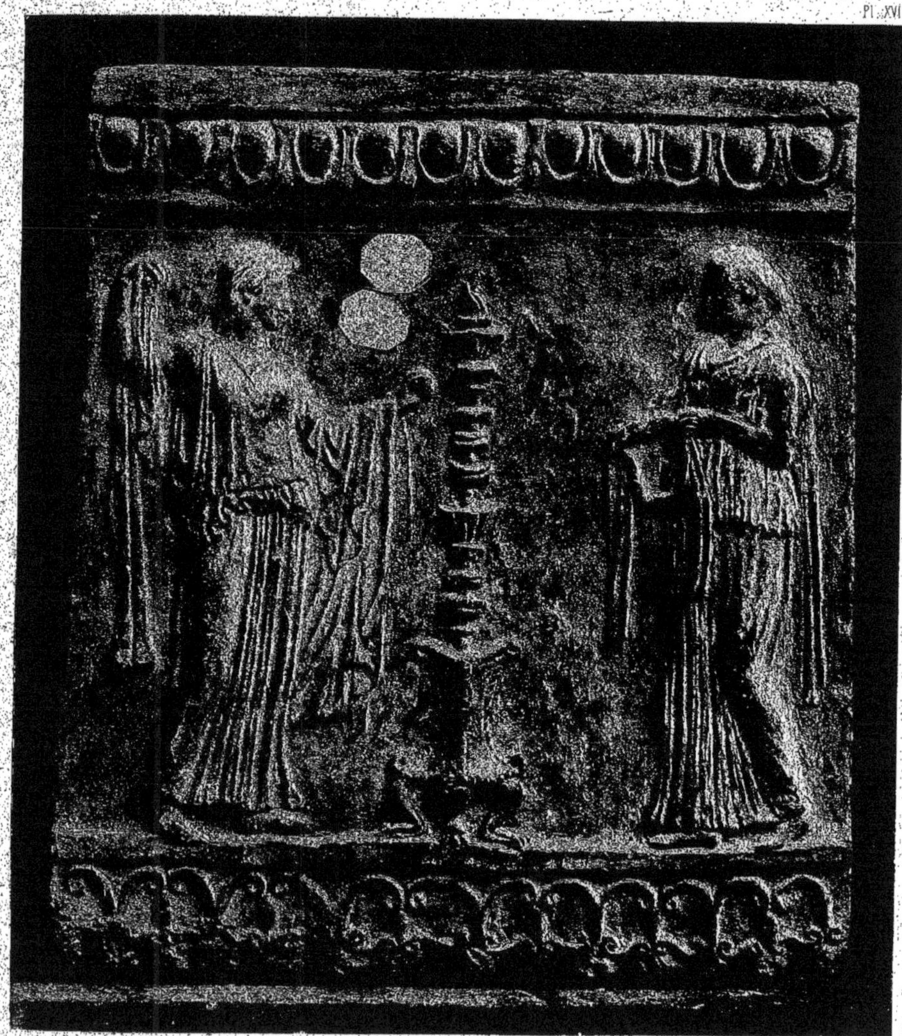

D'après les clichés de L. LAFFON

Procédé POITEVIN

THYMIATÉRION ET HIERODVLES

A. MOREL et Cie Editeurs à Paris

Lithophoto. Lemercier r. de Seine 57 Paris

PL. XX

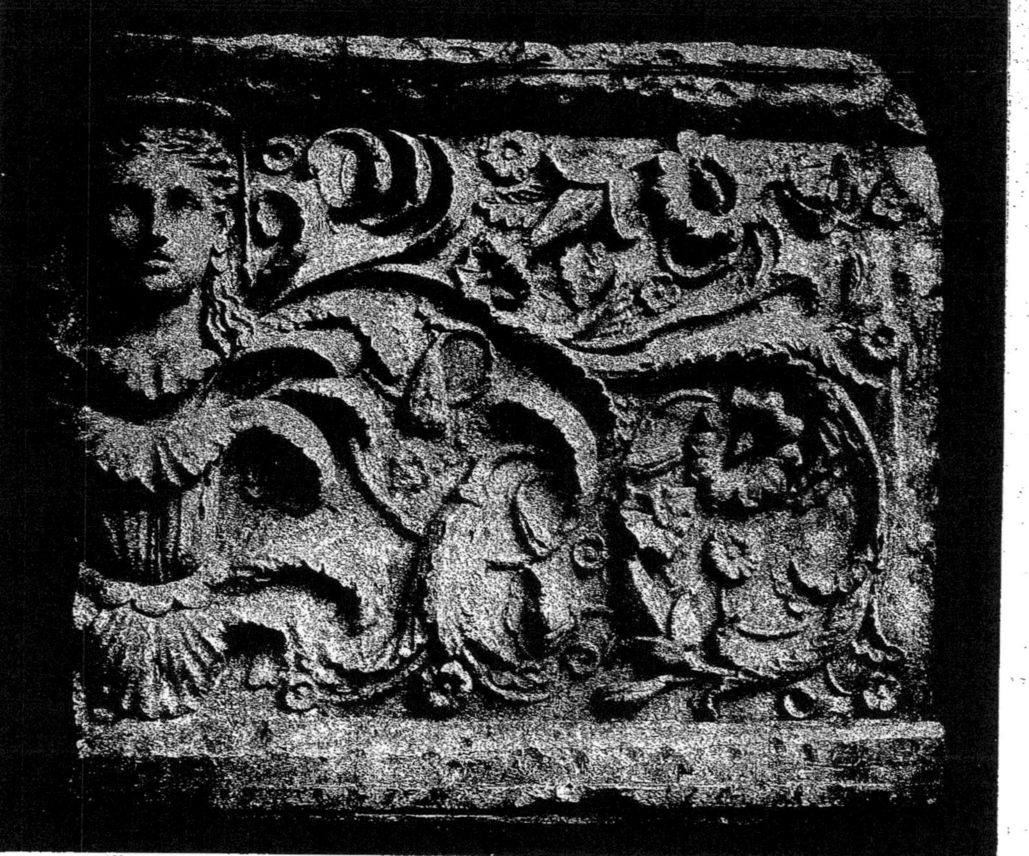

D'après les clichés de L. LAFFON.

Procédé POITEVIN.

VÉNVS AVX FLEVRS



A. MOREL et Cie Editeurs, à Paris.

Lithophoto LEMERCIER r. de Seine 57 Paris

MVSÉE NAPOLÉON III

Pl. XXVII

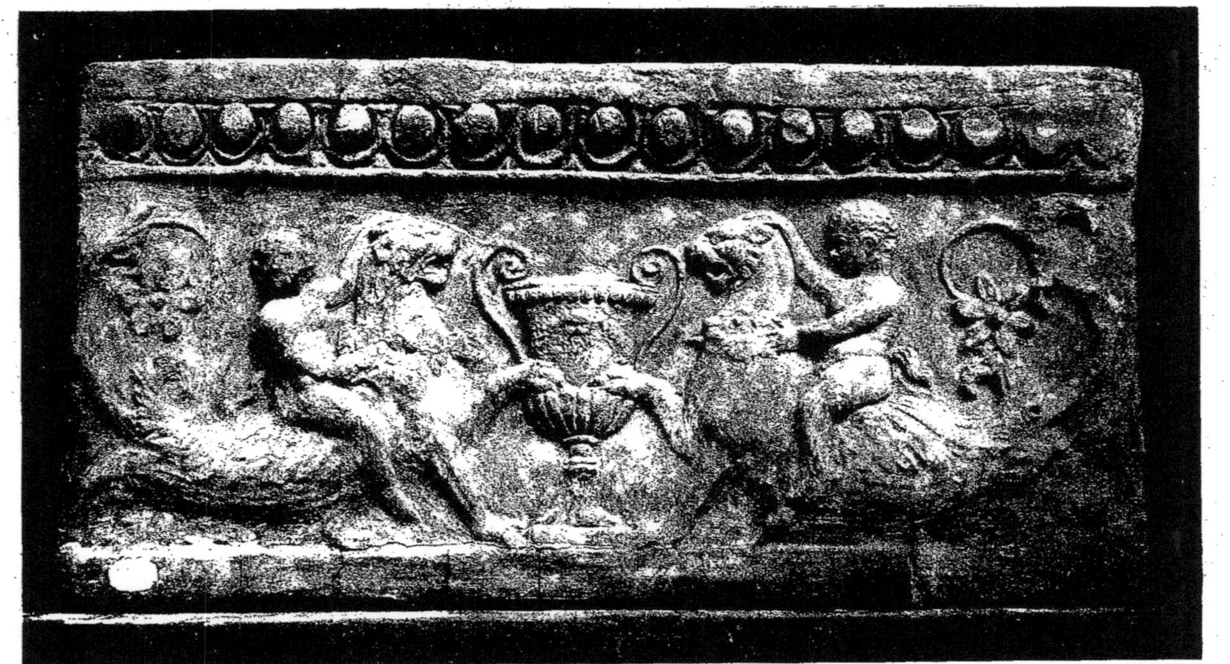

D'après les clichés de L. LAFFON.

Procédé POITEVIN

CANTHARE ET GÉNIES AUX PANTHÈRES



A. MOREL et Cie Éditeurs à Paris

Lithophot. J. LEMERCIER r. de Seine 57 Paris

# MVSÉE NAPOLEON III

PL. XXXIII

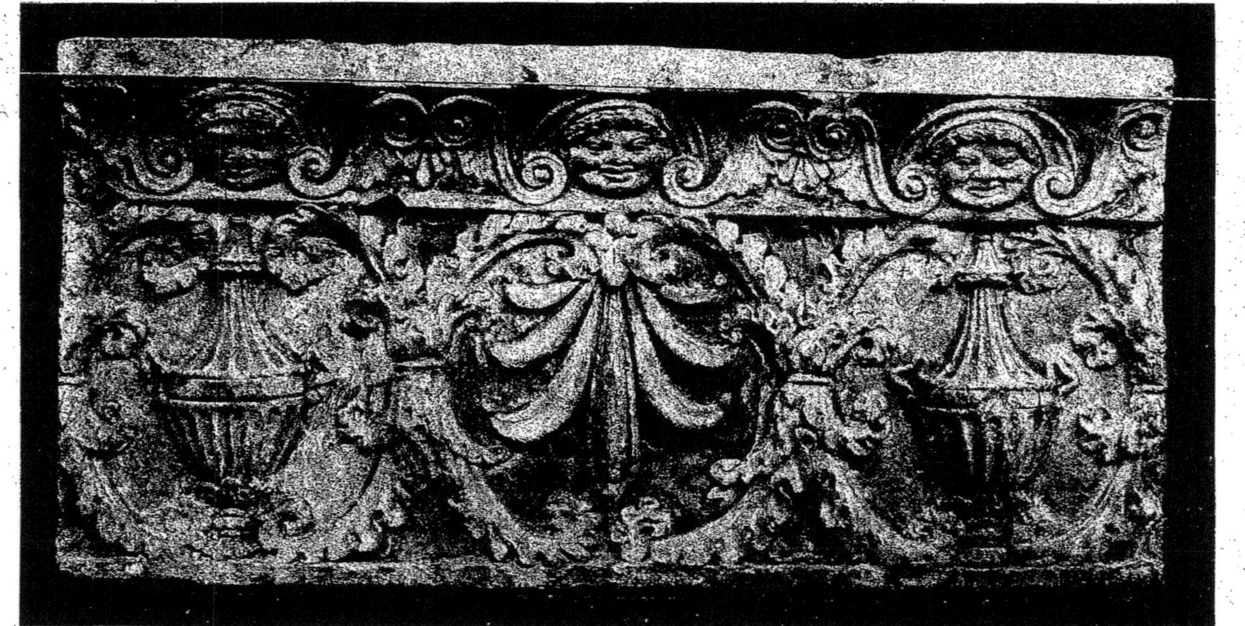

D'après les clichés de L. LAFFON — Procédé POITEVIN.

## LES AMPHORES CANNELÉES



A. MOREL et Cie Editeurs à Paris — Lithophoto. LEMERCIER, r. de Seine 57 Paris

# MVSÉE NAPOLÉON III

PL. XXXVI

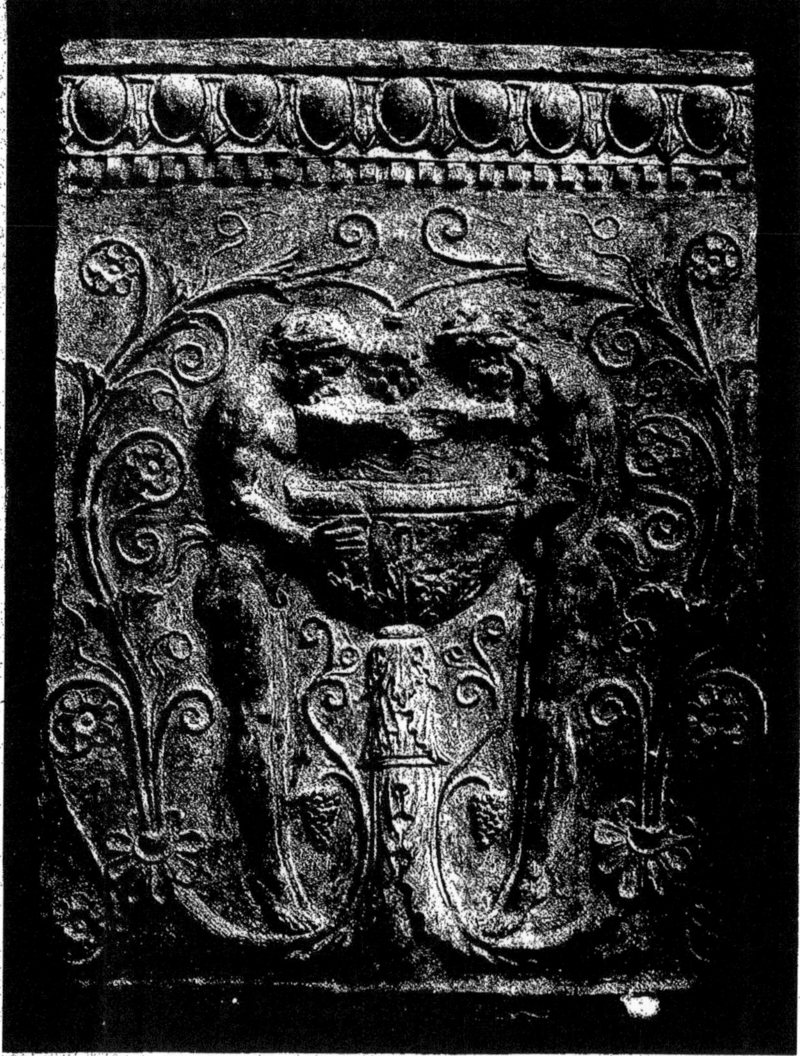

D'après les clichés de L. LAFFON

Procédé POITEVIN

SATYRES AU CRATÈRE

A. MOREL et Cie Editeurs à Paris

Lithophoto. LEMERCIER r. de Seine 57 Paris

PL. XXXVII

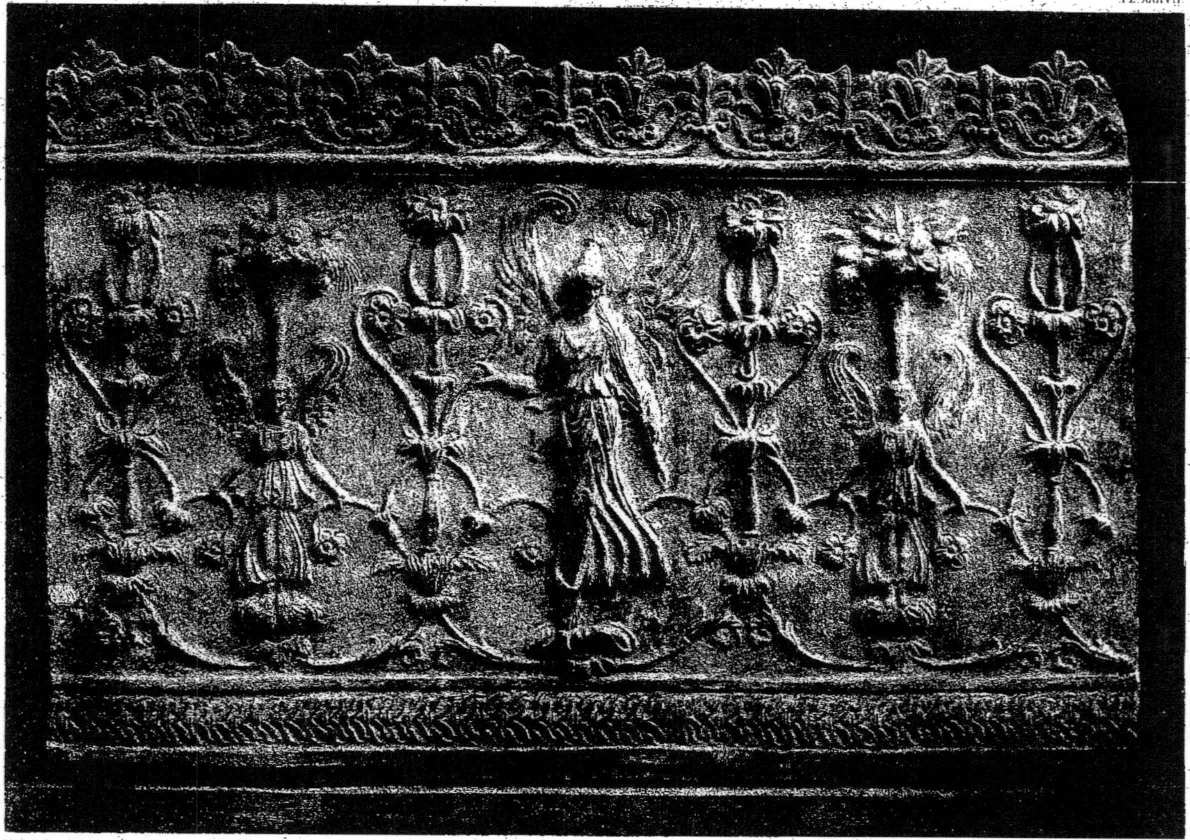

D'après les clichés de L. LAFFON

Procédé POITEVIN

# LES VICTOIRES

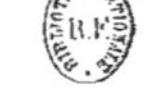

A. MOREL et C^ie Editeurs à Paris

Lithophoto LEMERCIER r. de Seine 57 Paris

# MVSÉE NAPOLÉON III

PL. XLII.

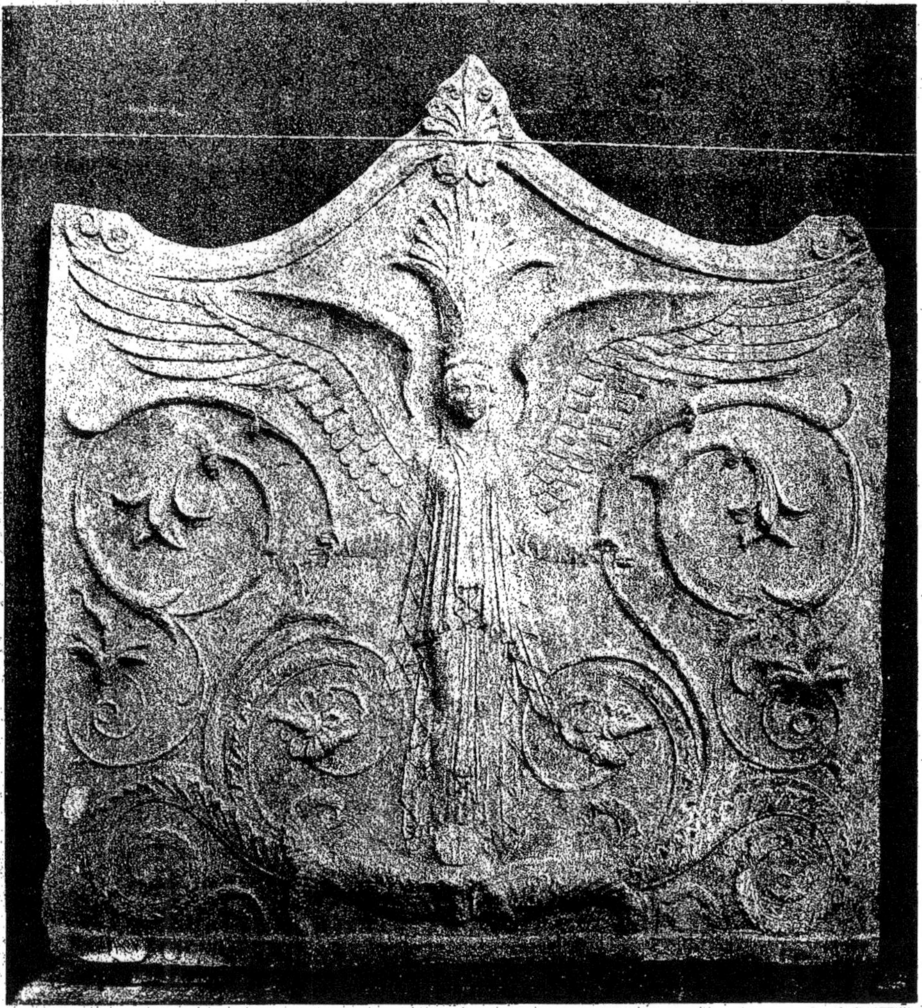

D'après les clichés de L. LAFFON.

Procédé POITEVIN

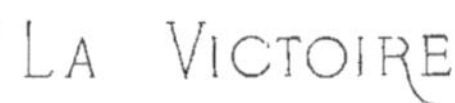
LA VICTOIRE

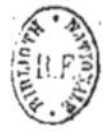

A. MOREL et Cie Editeurs

Lithophoto. LEMERCIER r. de Seine 57 Paris

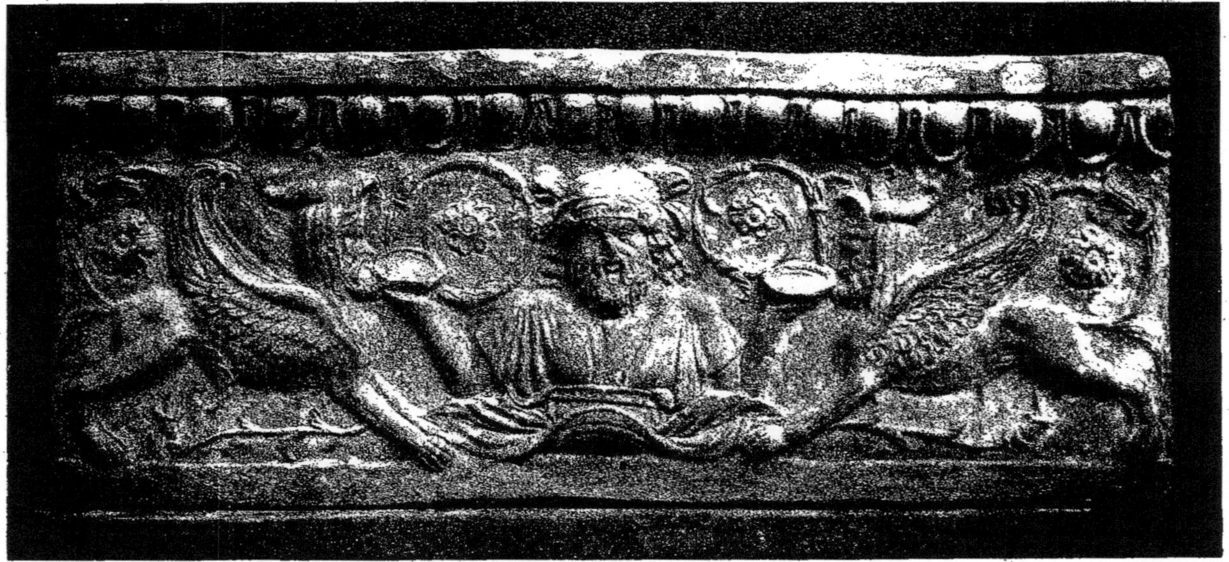

# MVSÉE NAPOLÉON III

PL. XLIX.

D'après les clichés de L. LAFFON

Procédé POITEVIN

LIBATION DES SPHINX ASIATIQVES

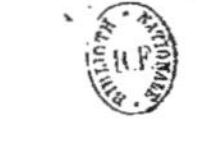

Paris A. MOREL et Cie Editeurs.

Lithophoto LEMERCIER r. de Seine 57 Paris

# MVSÉE NAPOLÉON III

PL.LIII.

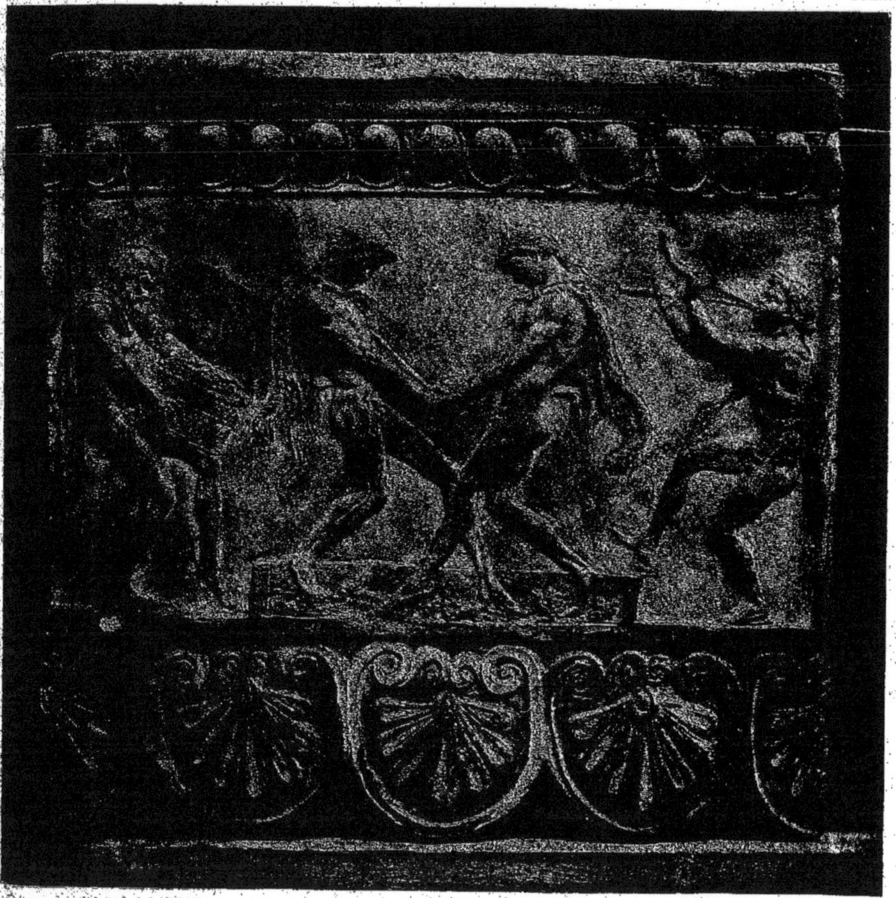

D'après les clichés de L. LAFFON.

Procédé POITEVIN.

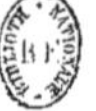

## SATYRES FOVLANT LE RAISIN

A. MOREL et Cie Editeurs à Paris.

Lithophoto Lemercier r. de Seine 57 Paris

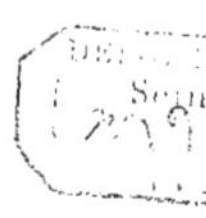

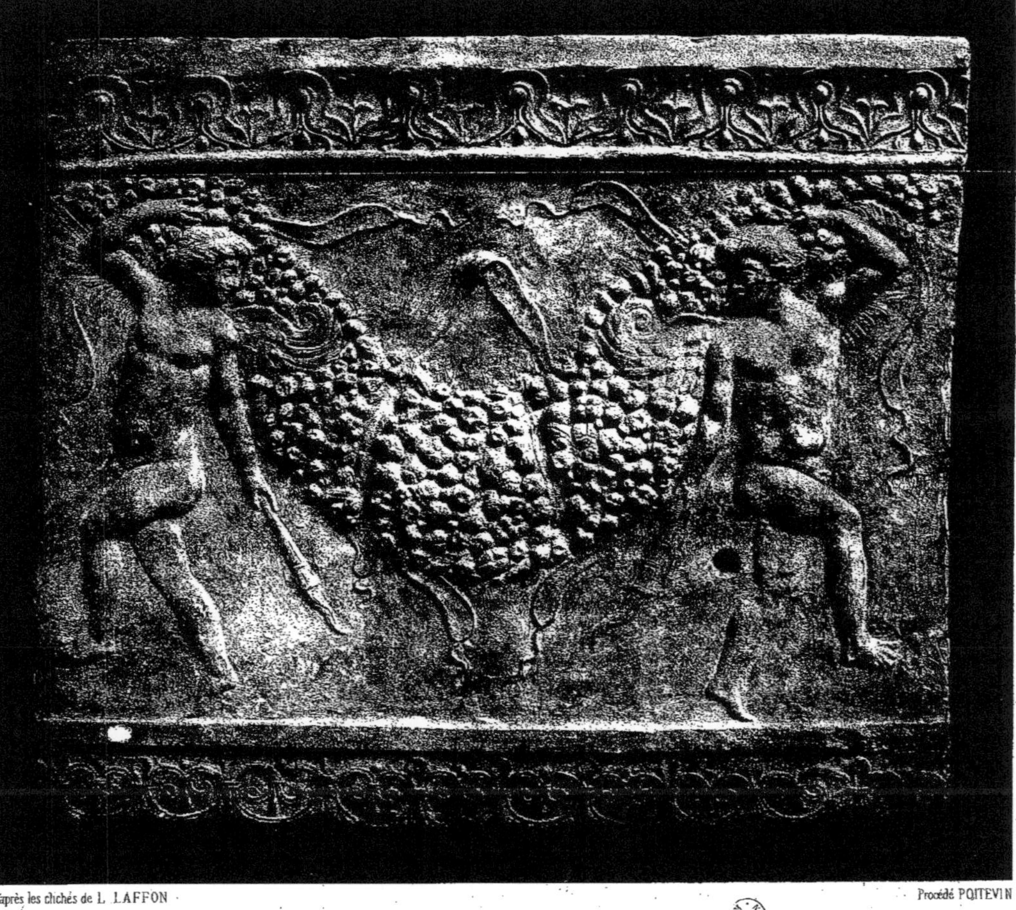

D'après les clichés de L. LAFFON — Procédé POITEVIN

GÉNIES AVX FLAMBEAVX



A. MOREL et C^ie Editeurs à Paris. — Lithophoto LEMERCIER r. de Seine 57 Paris

Pl. LIX

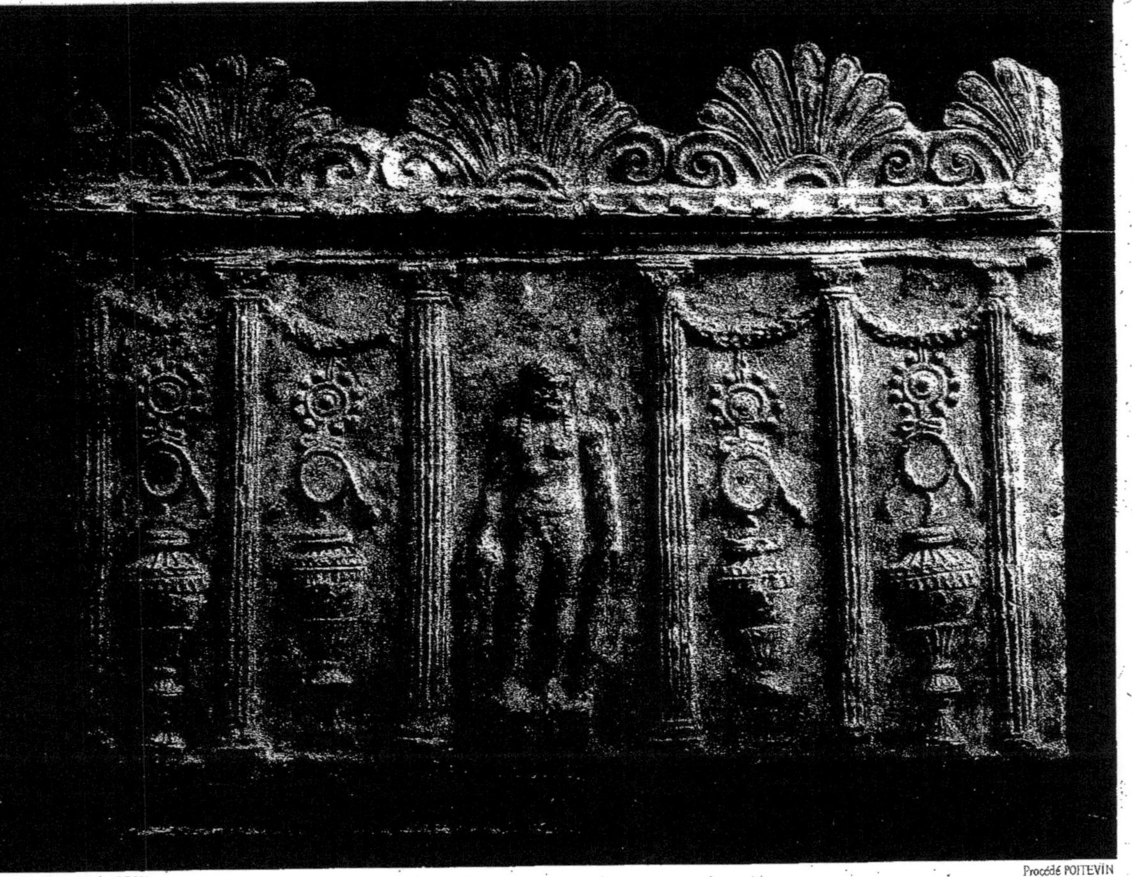

D'après les clichés de L. LAFFON

Procédé POITEVIN

TEMPLE D'HERCVLE



A. MOREL et Cie Éditeurs à Paris

Lithophoto. LEMERCIER r. de Seine 57 Paris

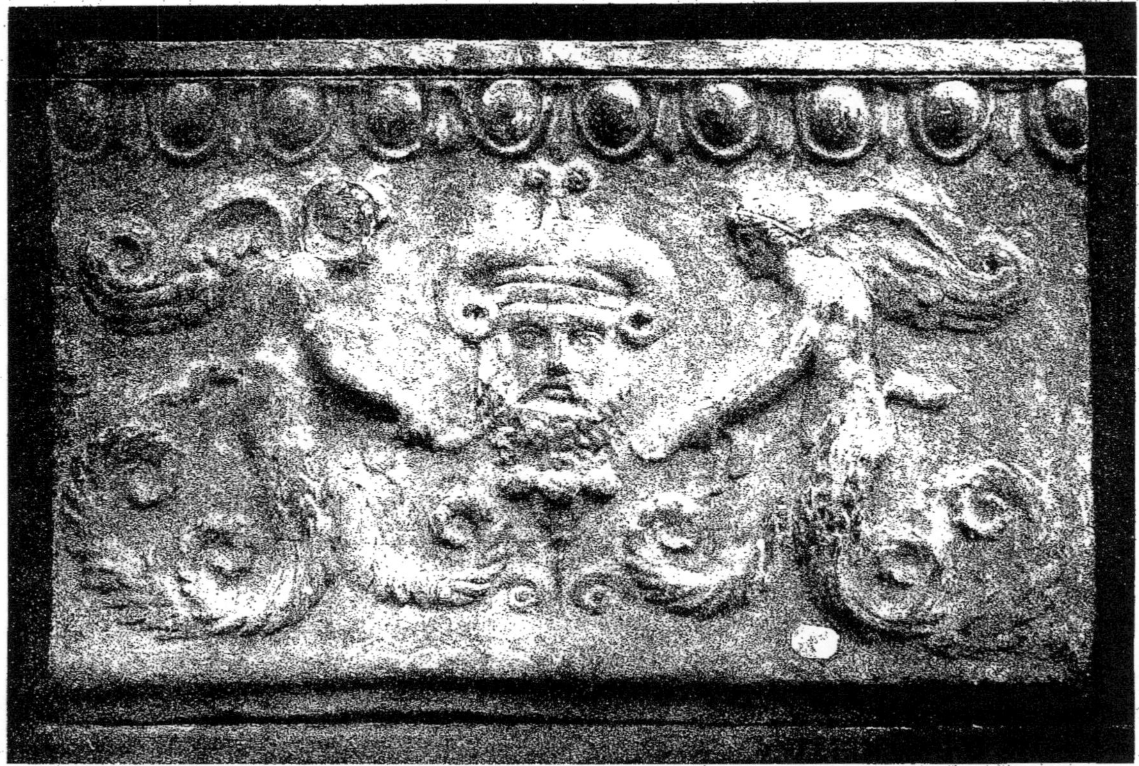

D'après les clichés de L. LAFFON. Procédé POITEVIN.

# MASQVE D'AMMON ET GÉNIES

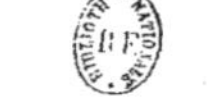

A. MOREL et C^ie Éditeurs à Paris — Lithophoto. LEMERCIER r. de Seine 57 Paris

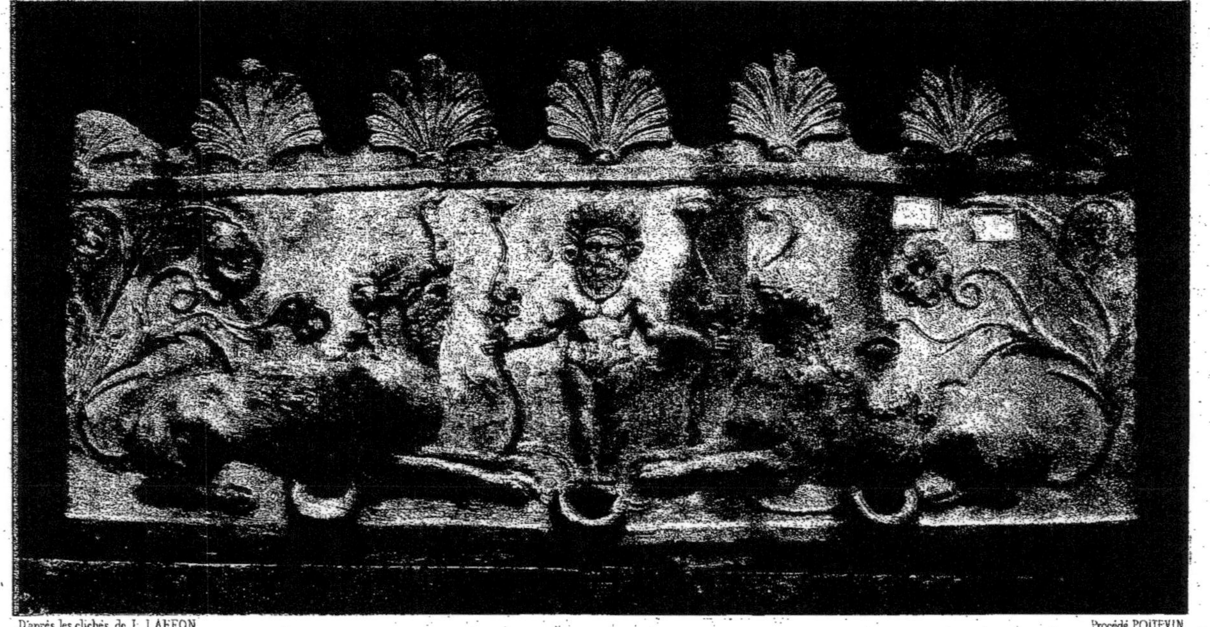

D'après les clichés de E. LAFFON — Procédé POITEVIN

LES DIEVX DV NIL



A MOREL et Cie Editeurs à Paris — Lithophoto LEMERCIER r. de Seine 57 Paris

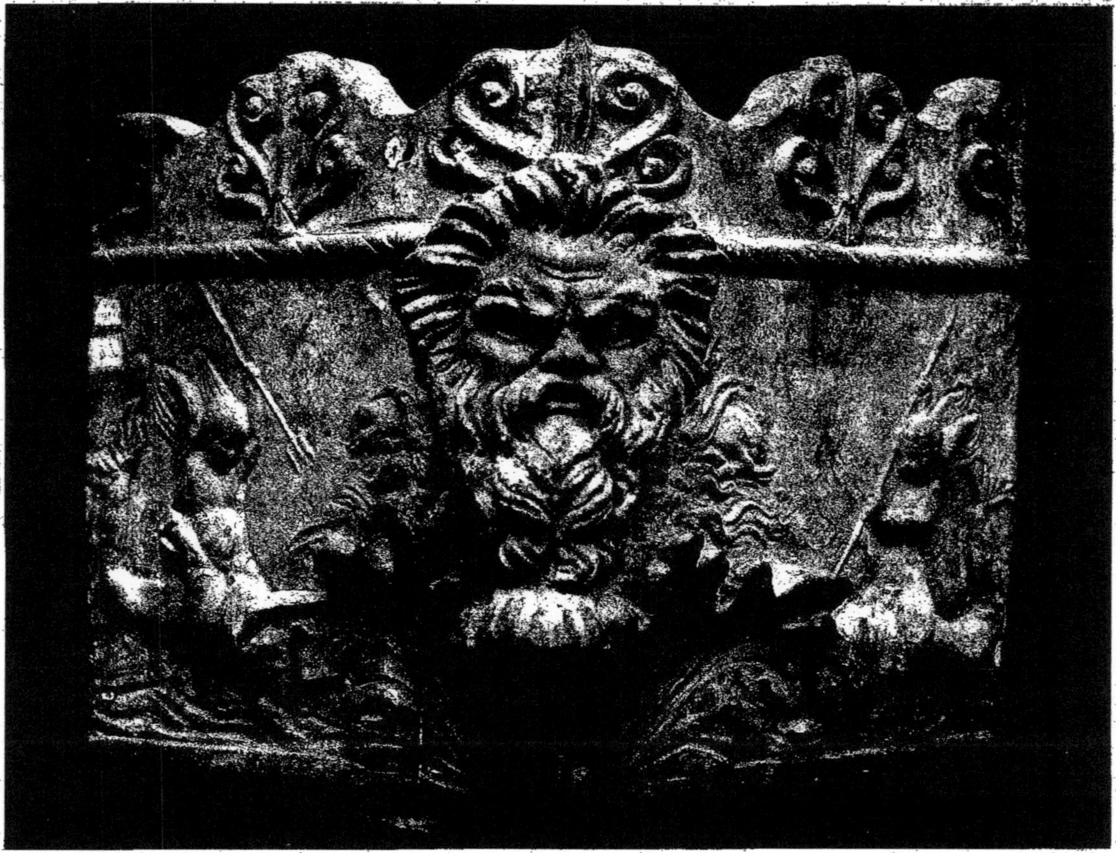

D'après les clichés de [illegible] LAFFON

Procédé POITEVIN

# PIÈCE D'ANGLE

MASCARON DE SATYRE ET GÉNIES MARINS

A. MOREL et C^ie Éditeurs à Paris

Lithophoto. Lemercier r. de Seine 57 Paris

# MVSÉE NAPOLÉON III

Pl. LXX

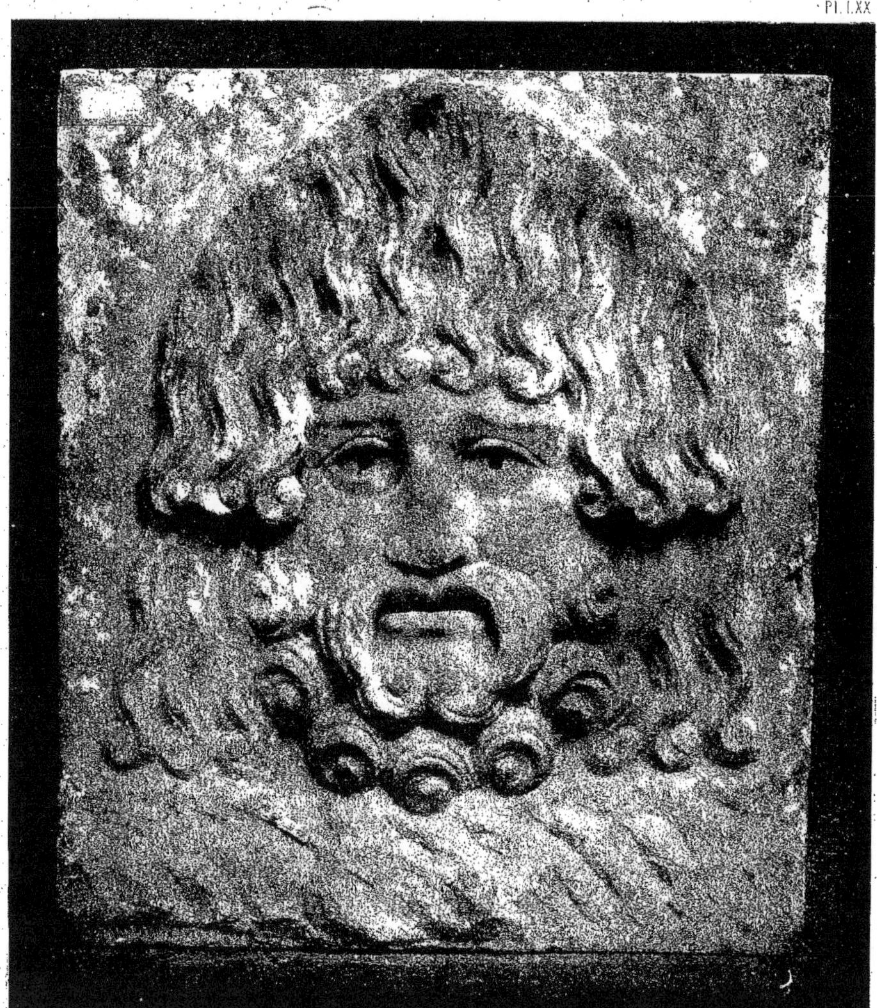

D'après les clichés de L. LAFFON

Procédé POITEVIN

MASCARON DE JVPITER PLVVIVS



A. MOREL et Cie Editeurs à Paris

Lithophoto LEMERCIER r. de Seine 57 Paris

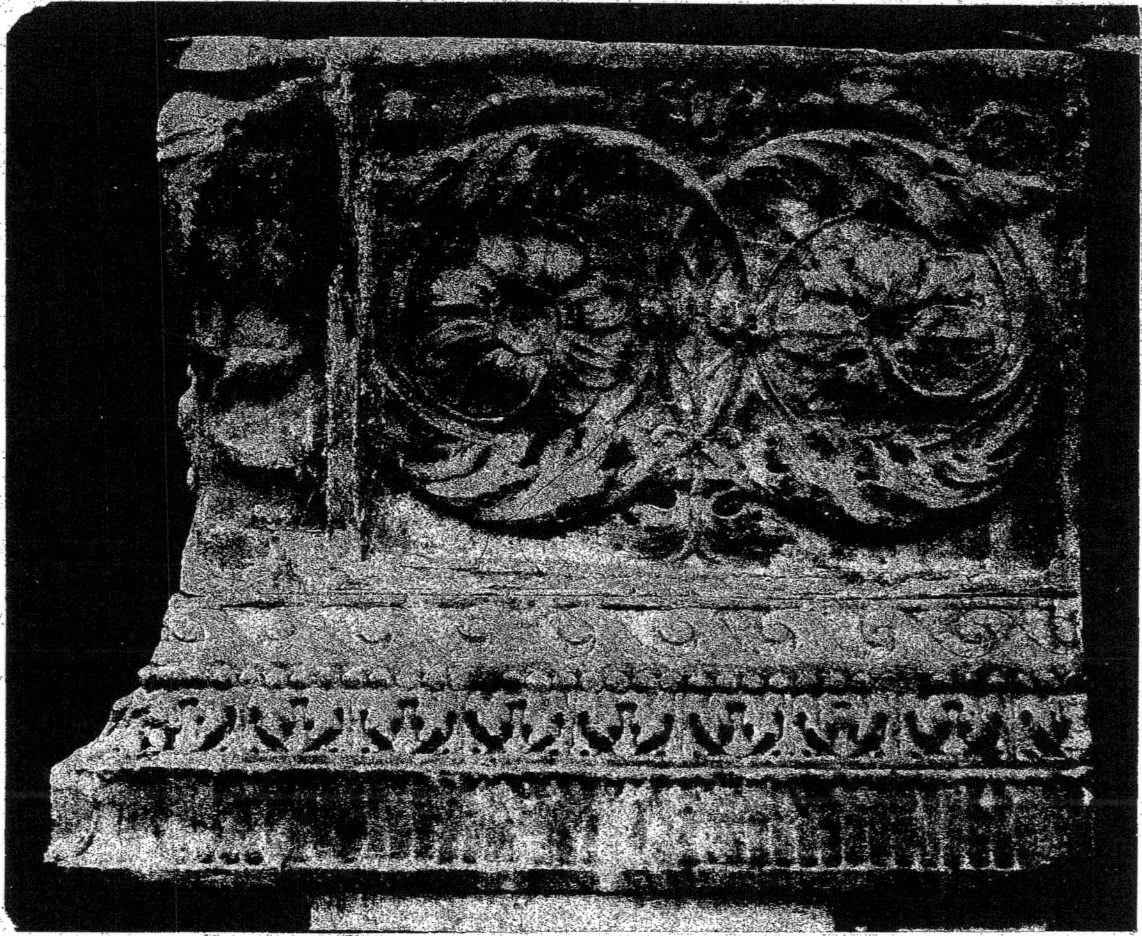

D'après les clichés de L. LAFFON.

Procédé POITEVIN.

RINCEAUX (BAS-RELIEF EN MARBRE)

# MVSÉE NAPOLÉON III

PL. LXXVIII.

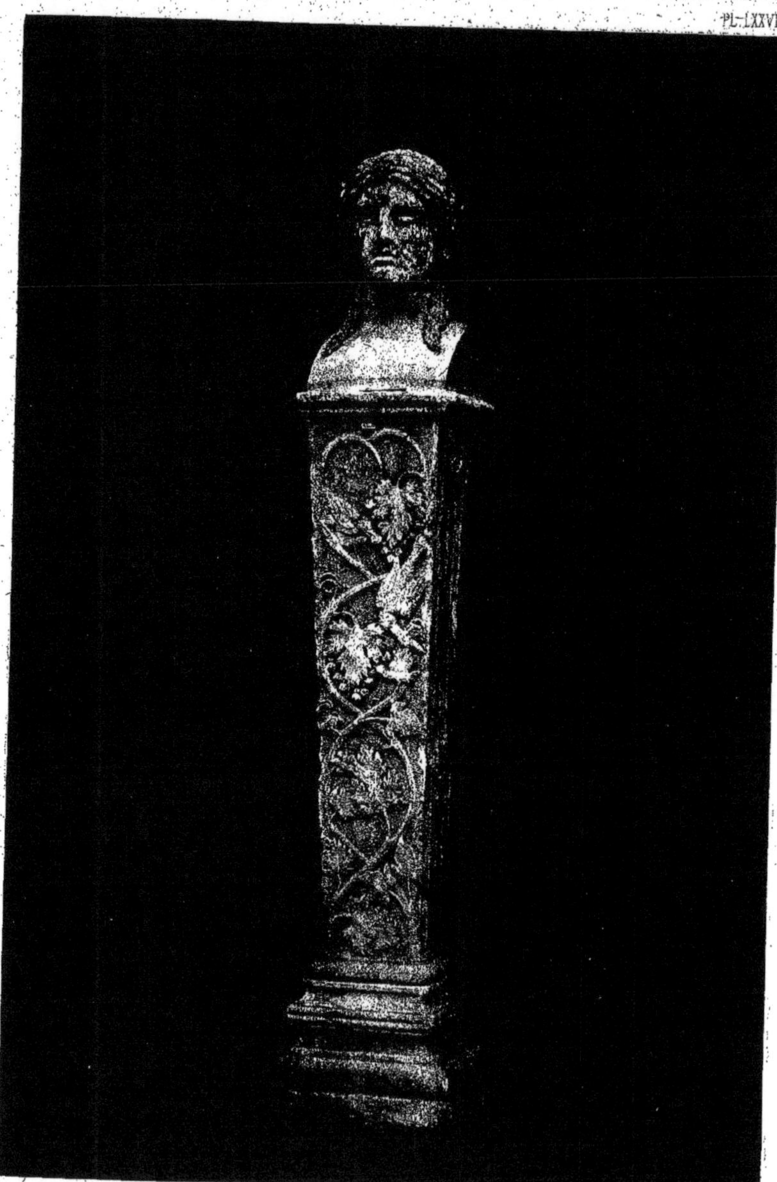

D'après les clichés de L. LAFFON

Procédé POITEVIN

TERME DE BACCHVS

MARBRE

A MOREL et Cie Editeurs à Paris

Lithophoto Lemercier r. de Seine 57 Paris

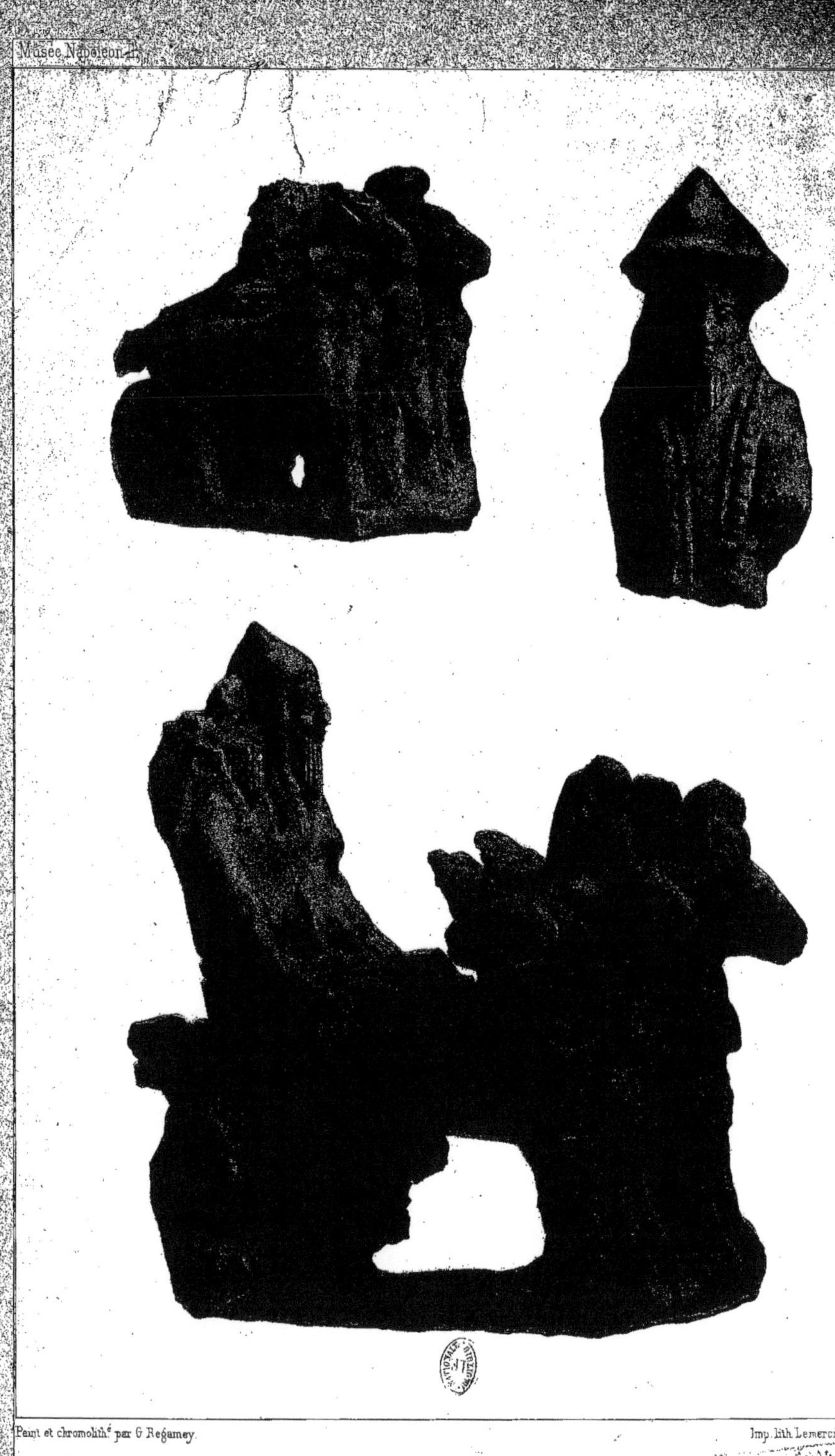

Peint et chromolith. par G. Regamey. Imp. lith. Lemercier & Cie Paris

CHARS PHÉNICIENS

www.ingramcontent.com/pod-product-compliance
Ingram Content Group UK Ltd.
Pitfield, Milton Keynes, MK11 3LW, UK
UKHW020210250726
13967UKWH00003B/1374

9 782012 923751